不必读书目

第三版

刀尔登 著

贵州出版集团
贵州人民出版社

图书在版编目（CIP）数据

不必读书目 / 刀尔登著 . — 贵阳：贵州人民出版社，2023.12
ISBN 978-7-221-17893-0

Ⅰ.①不… Ⅱ.①刀… Ⅲ.①推荐书目–中国 Ⅳ.①Z835

中国国家版本馆CIP数据核字（2023）第173241号

Bu Bi Du Shu Mu
不必读书目
刀尔登　著

出 版 人	朱文迅
策划编辑	汉唐阳光
责任编辑	黄　伟
装帧设计	陆红强
责任印制	李　带
出版发行	贵州出版集团　贵州人民出版社
地　　址	贵阳市观山湖区中天会展城会展东路SOHO公寓A座
印　　刷	北京汇林印务有限公司
版　　次	2023年12月第1版
印　　次	2023年12月第1次印刷
开　　本	870mm×1120mm　1/32
印　　张	6.5
字　　数	115千字
书　　号	ISBN 978-7-221-17893-0
定　　价	58.00元

如发现图书印装质量问题，请与印刷厂联系调换；版权所有，翻版必究；未经许可，不得转载。

第三版序言

"传统"一词的今义（旧义是传承皇统），在汉语中只有百余年的历史。它是借自日语的同形词，彼人用它来翻译英语的 tradition，我们袭用之，但在汉语中，特别是在百年来的激烈辩论中，"传统"含义的范围，早已超过 tradition 的原义，在其最广义上，几乎等同于"历史"或"旧有的""古老的"，有时或竟等同于"有碍进步的"，有时则又等同于"有利可图的"。

我们都见过"传统小吃"这样的招牌，听着像是把大词罩在微物之上，然而，此处的用法，其实更符合 tradition 的原义，既有主动的传递，又有主动的获得之义。艾略特曾替文学中的传统辩护，说传统（tradition）不是天然地降临于我们身上的，而是一种需要学习，且需要辛苦学习的东西，"小吃"不也是这样吗？我们见过某些"传统"的小吃或大吃，招牌虽老，后人若以为靠此招牌便足可愚弄天下人，终将关门大吉。

艾略特谈传统的第一句话便是：在英文写作中，人们很少提及传统。这和我们这里的情形又很不同。如果

01

在哪一天中，我们没有说到或听到"传统"这个词，那一定是个闰日中的闰日。一般来说，"传统"一词在两种时代出现得最密，一种是革命的时代，一种是反革命的时代。假如一个时代同时具有这两种进程呢？那就不消说了。

后人终将鄙视我们为原始人。但有一方面，我打赌他们会羡慕我们。我们可以奢侈地搜罗、存放能找到的一切古老书稿，不论是手写本还是印刷品，甚至片纸以为宝；后人呢，面对山积的故纸（当然多数将是电子化的，称为数据），怕只得硬下心肠，一删了之。当然他们会保留下一小部分，但呜呼，"传统"中的接受之义，终将压过传递之义。

我曾有个熟人，因自己的画不售，怒而发愿道，将来有了钱，买尽天下名画，一把火烧之。可谓替后人担忧，大有远见卓识。烧画的事罕见，烧书的事屡见。我听今天的人或有浩叹的，说当年烧了那么多书，多可惜，不然现在多值钱啊。当今的风气，是以"传统"为天然的"附加值"，不要说三坟五典，百宋千元，便是天球河图，金人玉佛，以及祖传丸散，秘制膏丹，反正都是宝贝，谁要说个不字，怒目相视如坏他的生意，轻则扣帽，重则举报。不过我发现，某些年间的"打倒旧传统"如烧书者，与某些年间的"最爱传统文化"如卖书者，其实是一类人，或者说，都是某种"传统"中人，彼时如彼，此时如此，因地制宜，精神上都是一样的且不变的。

目录

题　记 / 01

不读《山海经》/ 001
不读游记 / 005

不读《左传》/ 009
不读公羊 / 013

不读《老子》/ 017
不读《论语》/ 021
不读《孟子》/ 025
不读《墨子》/ 029
不读《庄子》/ 033
不读《孙子》/ 037

不读图书 / 041

不读《周易》/ 045

不读《太玄》/ 049

不读《命书》/ 053

不读《尧曰》/ 057

不读《论衡》/ 061

不读《贞观政要》/ 065

不读李白 / 069

不读李贺 / 073

不读王维 / 077

不读韩愈 / 081

不读四六 / 085

不读文薮 / 089

不读桐城 / 093

不读袁枚 / 097

不读文言 / 101

不读世说 / 105

不读《二十四诗品》/ 109

不读《古文观止》/ 113

不读西游 / 117

不读三国 / 121

不读水浒 / 125

不读红楼 / 129

不读《儒林外史》/ 133

不读《考工记》/ 137

不读《尔雅》/ 141

不读《内经》/ 145

不读茶经 / 149

不读马经 / 153

不读酒诫 / 157

不读酒经 / 161

不读骗书 / 165

不读樵歌 / 169

不读情书 / 173

不读《笑林》/ 177

不读《三字经》/ 182

不读目录 / 186

不读书目 / 190

不读方志 / 194

题　记

这本小书，收入的是这两年间发表在《瞭望东方周刊》的专栏文字。

"不必读"这样的题目，不能不承认，有一点危言耸听。起初拟题，心里的想法，是要以批评为主的，然而很快意识到，对古典著作或古典的观念，没有办法持单一的褒贬，那毕竟是我们一半的精神背景，我们在其间活动、判断、理解事物、想象未来，喜欢也罢不喜欢也罢，出发点是改变不了的。对旧观念中的某一部分，我在这些年里，一有机会必加诋评，但细细想来，真正不满的，是今人对这些观念的态度，而非那观念本身，因为那是古人在许多年前的思想，格于形势，他们还能怎么想呢？今人的不智，是不能记在前人账上的。

传统是个用得越来越混乱的词。有时不得不使用，我难免会想，传统到底是从过去传递下来的东西呢，还是我们从过去接受下来的东西呢？这是有点不一样的，后者强调我们对古老经验的处理，怀疑有没有"传统实体"这样一种存在。平时,我们听到两种声音,一种在说,我们失去了(一大部分)传统,另一种声音说,传统正在大放光芒;我们还听到两种声音,一种在讨伐旧的观念,一种要拯救往日的遗存。这些观点,可以都是对的,要在于新旧这类概念之上,另有一番判断。同我年龄差不多的人,在这些年里,都看到自己曾批评过的古老人伦,当权力摆脱它时,如何有可怕的面目,我们甚至有点怀念它的节制了。这和二十年前的想法,是不一样的。

"不必读书目"本来想拣着常见的、最为阅读的古书发议论,但在今天,这样的书实在少,只好把注意力放在常见的观念上,而涉及了几种普通读者不大想到去读的书。写着写着,初衷似乎有点想不起来了,说来说去,自己也觉支离,况且年来国事纷攘,实难定心,虽还在一篇篇写下,已是勉强得很了。此番结集,文章中粗疏的地方,信口开河的地方,没有心思去一处处改正,只好请读者原谅了。

不读《山海经》

《山海经》是本什么书？地理、历史、方术、小说……都沾点边，又都不尽然。它典型的条目是这样的：

> 北海之内，有蛇山者，蛇水出焉，东入于海。有五采之鸟，飞蔽一乡，名曰翳鸟。

或：

> 又北四百里，曰乾山，无草木，其阳有金玉，其阴有铁而无水。有兽焉，其状如牛而三足，其名曰獂，其鸣自詨。

《山海经》全书，便是这样一条条地组成，记些绝域之国、殊类之人、千奇百怪的事情。它涉及的地理范围，近的在如今的中原一带，远的或至边陲，而更有一大部分，已难以考订。大致的体例，是说某处有某山或某水，出某物，夹杂些神话或占卜的内容。

我们今天看到的《山海经》，是汉代刘歆整理成书的。实际的成篇，当是在一个漫长的时期，各时代的抄录者，都添入自己的见闻和见解，所以它里边有周人的知识，也有战国甚至秦汉人才有的观念。这本书能流传到汉代，便近乎奇迹，因为它背后的某种传统，早已踪迹难寻。

《山海经》要配着图才好看。有印刷术之前，图画不像文字那样容易传抄，所以各时代的山海图，通常只是时人画的。古人以为它恢怪难言，也不怎么严肃地看待它，现代学术拿它当宝贝，因为它里边有非常古老的东西。

上古，神话和现实之间，并没有后来的界线。那时人心目中的外部世界，那些黑暗的森林、高不可攀的群山、广大的海洋、天上的星体和地下的深洞，以及无数种奇形怪状的生物，所有这一切，既难以知晓，又不可理解。每一样被赋名的，都当有个主宰；每一样会移动的，都有神通；每一样新发现的，无论是海平线上的岛屿还是山脊那边的江流，都危险重重。多数人谨守自己的家园，少数人外出游历，带回来各种见闻，既一点点丰富着大家的知识，又巩固着原来的恐惧和向往，因为他们难免把道听途说的事情越传越玄，又难免给自己的经历添油加醋。

《山海经》的时代，大致相当于俄底修斯的时代。在后人眼里，《山海经》闳诞迂夸，但在最早的时候，古人记录这些远国异物，态度是诚实的。古希腊人完全相信有会唱歌的海妖和食人的巨人，我们的祖先谈论"大人国在其北，为人大，坐而削船"，也就像我们今天谈论"某某公里处有收费站，可以绕过去"之类。

《山海经》，特别是其中最古老的那部分内容，记录的是古人的世界图景，兼出行指南，兼博物志，等等。它汇集了古人给不可理解的世界建立秩序的努力，它试图把零星的世界知识拼凑起来，形成一幅地图，是地理意义上的地图，但更是哲学意义上的地图。我们不得不致敬于古人的冒险精神，不计生死地摸索未知的世界，一代又一代，就像被一个使命驱赶着，漫游，迁徙，经历着在今天已不可想象的艰辛和风险，以使他们的后代，懒洋洋地坐在恒温房里便能够丰衣足食了。

鲁迅小时候把绘图本的《山海经》视为心爱的宝书，那些"人面的兽，九头的蛇，三脚的鸟，生着翅膀的人，没有头而以两乳当作眼睛的怪物"，多么能够刺激儿童的想象！《山海经》是人类童年时期的书，到现在，恐怕也只适合学者和儿童看。学者之外的成年人如你我者，看不出什么兴味。

不仅看不出兴味，弄得不好，还要看出古怪来。好多人正在拿《山海经》来证明美洲是我们最先到的,以及北极、南极,也许还有月亮。我读过的一篇论文,力证埃及的金字塔是大禹建的,因为《山海经》有一句"禹杀相柳……乃以为众帝之台",又有一句"相柳之所抵,厥为泽溪",埃及有金字塔在现在的吉萨(拉丁名 Giza,来自阿拉伯语),吉萨和泽溪谐音,所以泽溪就是吉萨,相柳就是法老,金字塔就是大禹修的。另一篇论文,证明犹太人是从中国搬去的,因为《山海经》又说了,"互人之国……炎帝之孙……有鱼偏枯,名曰鱼妇",鱼妇者,以扫也(理由仍然是谐音),所以犹太人是炎黄子孙,又希伯来者,"西亳""来"也,明明就说从西亳来的嘛。

这样地读,不读也罢。

不读游记

十一快到了,中国人民玩起来了,乡下的到城里,城里的到乡下,当然只是暂时的换防。野猪野羊,早就躲起来了;苍蝇蚊子,该飞出来了;卖雨伞的、卖门票的、租车的、开店的,打九月就憋着笑;游客也是满面笑容,特别是在照相的时候。

每年我们都抱怨,挤死了,累死了,第二年,我们还是要出游。扪心自问,是什么动机把成千上万的人从家里赶出,赶到各种陌生的地方?爬一座费鞋的山,和一块大石头合影,高明何在?离开舒服的床,去躺在草地上,乐趣又何在?自然!自然!我们如是说。我知道许多人相信没有人工痕迹的地表是天然的良药,我知道许多人定期地拜访"自然",如同另一些人定期地去去教堂,回来就一身轻松,恢复了对自己的敬重,——"自然"好像是心灵垃圾的倾倒场,又像是顶顶溺爱我们的祖辈,不管我们做了什么,总是拿个糖块,把我们哄得高高兴兴。

徐霞客开始出游时，不可能料到自己会在这条路上走多远。他只是不愿"以一隅自限"，想见见广大的世界。这世界比他原先以为的还要大些，提供的趣味，也非他始料所及了。好奇心与对日常生活的不耐烦，是最平常的出游动机，但一个人一游几十年，想必是喜欢上了旅途中的生活，那是充满变化的，又仿佛总有新的目标。

大名鼎鼎的《徐霞客游记》，常常被当作地理学著作来推荐，徐霞客本人，也给奉为地理学家。徐霞客确乎对山水怀有一种知识的兴趣，这也是他高明于另外一些文人游客的地方，但如果说如实记述所见所闻，就会是地理学，这固然是敬重徐霞客的一种方式，在我看来，对地理学，特别是那个"学"字，就有失敬重了。咱们普通读者，大可忘掉"地理"云云，放心地拿它当游记读去，我敢保证，《徐霞客游记》里不会有任何内容，来干扰这单纯的兴趣。

刘勰谈到晋代山水诗的兴起，说过一句话，叫"庄老告退，而山水方滋"，初听起来有点费解，老庄难道不是更号召"回到自然"吗？原来，刘勰说的是对自然的态度，在庄子那里，自然是人的哲学本体，这固然高妙，但登山临水，也就成了严肃的事情，而谢灵运等一批诗人，把山水当成寄情之地，虽然深思少了，高兴却多了。古代文人写山水的诗赋很多，大抵的思路，是描述山水的悦心和悦目，这个多好看呀，那个多奇怪呀，这样的文章，我们在中学课本中见到许多，都写得很漂亮。

刚上路的徐霞客，也和大家一样，搜奇访胜，消闲遣兴而已。他最先去的，是那些所谓的名山大川，天台雁荡、黄山庐山之类，写下的记行文字，虽然以日编次，和其他文人的游记并没什么特别的不同，仍如刘勰说的"情必极貌以写物，辞必穷力而追新"而已。一望可知，他是在写文章，要给别人看的。后来，慢慢地他就有了一些变化，行程变得任意，并不一定要去有名的地方，写的日记，也越来越随意，尽管没有完全放下文人的身段。

《徐霞客游记》中最好看的，是最后一批日记，特别是《滇游日记》。其中最好看的，又是曾被钱谦益批评为"多载米盐琐屑，如甲乙账簿"的，写旅途中日常遭遇的文字。有些读者看完《徐霞客游记》，可能要问，除了作者善于属文，它与我们写的游记，区别在哪里呢？区别在于，徐霞客生活在那样一个时代，他那种寻脉探源的好奇心，是异乎别人的；而他没有功用的目的，在路上断断续续走了几十年，又是前无古人的。

历代评介徐霞客的文章，要属清初潘耒给《徐霞客游记》写的序，说得最好。潘序中最好的一句，是说徐霞客"无所为而为"，也就是为游而游。潘耒还说：

近游不广，浅游不奇，便游不畅，群游不久，自非置身物外，弃绝百事而孤行其意，虽游，弗游也。

一巴掌打倒一大片，按他的说法，我是没有"游"过的了。徐霞客的不同于常人，在于他——特别是后来——是在行，而不限于游了。行与游不同，前者是一种生活方式，后者至多是观照方式。古有所谓"卧游"一说，徐霞客最后得了足病，躺在家里，也只好"卧游"了。卧游是可以做到的，卧行是做不到的。

不读《左传》

《左传》和《史记》，是我最喜爱的史籍。为什么说不读呢？读了影响信心。这信心来之不易，受国家教育这么多年，从小好好学习社会发展史观，知道人类天天向上，制度越来越好。《左传》记录的春秋时代，按教科书说法，是在从奴隶社会向封建社会过渡，——听，又是奴隶，又是封建，和咱们现在的制度，差着好几个阶段，比旧社会还旧，比古代还古，简直就是暗无天日了。

记得有人评选"最喜爱的时代"，有说宋朝的，有说大汉的，问到我这里，答以春秋。话一出口就赶紧忏悔，用着计算机，打着青霉素，沐浴着自来水以及主义带来的阳光，怎么可以向慕野蛮、艰苦的上古呢？无非是《左传》读多了。可见便是好书，也有不读的理由。

有意思的是，春秋时代的人，倒不像我们这样，觉得自己恭逢盛世，睡梦里也要干笑三声。特别是春秋后期的士人，比如孔子吧，唉声叹气，对社会不满。春秋到战国，一大批读书人，受这阴暗心理的影响，一直在寻找制度出路，当时，一种普遍的观念是，人类是从黄金时代堕落下来的，所以幽厉不如文武，三王不如三代，如按老庄等人的看法，三代又不如最早的无怀氏葛天氏之类。儒家主张以礼制一点点地规束人性，以期大同，庄子则对任何制度没信心，主张一哄而散。他们也都是理想主义者，只是方向与我们相反。

儒家同国家结盟后，谈不上再有什么制度理想了。一千多年中，古人对未来，并无想象，也没有什么期待。政治的时钟，其实已停摆，官民的日常生活，一成不变，一切都是理所当然，那些仁人志士，补苴罅漏之余，放胆一想，也不过是圣贤的旧调。这和我们是很不一样的。

我们和古人相反。我们崇拜时间，坚信不论人类生活的哪一方面，都是越往后越好，而且会自动地变好。近代比古代好，当代比近代好，我们今天不管怎么胡闹，也只能产生好的结果，因为未来天然地就比现在好。我们有能力主动地改变生活，也从不吝惜这种能力，因为我们相信，改变就是好。

但冷静地想一想，人类向前走，体现在积极方面的，有技术的发展、观念的改善。春秋时代，得了肺炎，几乎没有活路，再往前，还吃人肉呢。这些改变，是实际的，标志着人类的真正进步。在消极方面，则是人们常寄以厚望的制度变革了，也就是在组织社会的同时，让组织本身少捣一点乱,别反客为主。

如对后者也有天然的信心,未免对未来太乐观。比如我们知道,最坏的绝对主义国家,并没有出现在上古,而是一次次出现在后代,而且每一次都比前一次更坏,一个很恰当的例子,就是希特勒的法西斯德国,这样的国家,在一千年前,是没有条件出现的。

这并不是说古人的心眼就好。拿中国举例子吧,在古代,国家权力并不能管制人民的全部生活,官僚体制,也只管到县级,这一半是宗法的牵制,一半是技术和经济能力不足以支持对全民的动员和控制。所以古代的皇帝会感叹壮志难酬,余生也早,没有赶上未来的盛世。

我经常批评古代的帝制,但这并不意味着我觉得唐宋元明人的日子,就没法儿过了。古代的生活是艰苦的、不公平的,个人的权利,更是受到无数干涉,好在那时的干涉,是粗糙的,虽然惹不起,偶尔还躲得起。握有权力的乡绅和官员,其大多数,多少还知道一些节制,这种节制来自他受的教育,也来自他远比今天广泛的社会联系。

何况还有其他的一些细节。读《左传》,最令人向往的,是春秋人的气质,强健而温和,直率而雍容,子夏之所谓"望之俨然,即之也温,听其言也厉"。春秋时代的日常生活,大概是没有人向往的;但春秋时的人,今天，也许你能找到那样的朋友，但不太能找到那样的敌人了。

或形容春秋人的气质为"高贵"。我倾向于不这么说。"高贵"现在已经是商标了，一成商标，就要大量生产，卖将出去，高虽未必，贵是一定的。而春秋人相反，高尚是有一点的，贵则未必，我们看《左传》里的平民，也沉着得很，仿佛他的生活，在许多方面都有些余裕，这不禁令人想到，春秋时虽有严重的压迫，方向却单一，并不是从四面八方挤过来，使人成为浑圆的国民。

不读公羊

《春秋》三传,我们最熟悉的是《左传》,另两部,《公羊传》和《穀梁传》,名气小一些。但要论在古代政治哲学中的地位,《公羊传》实高于《左传》。《左传》是历史书,《公羊传》则是儒生为汉代定制的政治学。

秦末造反的诸强,以兴灭继绝为号召,等抢到天下,自己一屁股坐住,再不提从前的话头。在刘氏,本无什么不好意思,在与皇权合作的儒生,略有几分理论上的尴尬。按公羊学说,孔子对周并无信心或兴趣,他老人家作《春秋》,本意便是为后王立法。这叫"以春秋当新王",是公羊学的一大要旨,纬书里有更生动的描述云:"孔子仰推天命,俯察时变,却观未来,预解无穷,知汉当继大乱之后,故作拨乱之法以授之。"如此说来,汉朝代秦自立,应了孔子的预言,理直气壮。

儒生与皇帝之间,如同狐狸与狮子的合作。儒家得意的一件事,是驯化了狮子——或多或少,狮子得意的,是能让狐狸来为它管理草原,至于其间各自的得失,也是笔糊涂账。若凭孔子的学说，这种合作根本无法形成，——起孔子于地下，遇见秦汉式的皇帝，互相都不会买账。公羊学说的第一位大师董仲舒，改造了儒学，这种新儒学，同孔子的古典儒学，其实只有皮毛上的相似，倒是同名法及五行学派，更亲近些。皇权和儒家的正式缔约，粗略地说，签字人便是汉武帝和董仲舒，公羊学在其中的作用，也不算小了。

不过，后世公羊学并不流行，因为公羊学里面，包含着一些为君主所不喜的思想。比如按公羊学的政治图式，没有什么铁打的江山，天命变易循环，以有道伐无道，便如汤武革命一样理所当然，这一点，和孟子的学说接近，在古人看来，都有可能"启乱臣贼子之心"。董仲舒的儒学，在后世又被改造了，让狮子不放心的内容，又去掉了一些。

我们今天看来，公羊学里确有比正统儒学高明的地方，比如对"夷狄"，往往以文化、礼义，而非以远近来区分。《公羊传》里有一句话，"中国亦新夷狄也"，说的是有几个中原国家行事不妥，所以视同夷狄。后来——比如晚清或现在——常有人拿公羊学的这一态度，来反对排外，也是稍微有点奇怪的，反对排外就反对排外，还用到古书里找理由吗？

公羊学自汉代以后，一直式微，复兴是在晚清。对新式人物来说，公羊学能提供的理论武器其实没有几件，但大家都习惯于自家有病自家医，便是明明用着新药，也喜欢放在旧壶里煎一煎，或作简单的比附，便发现"敢情这药方我家里原有，只是忘记吃了"云。康有为曾说："大约据乱世尚君主，升平世尚君民共主，太平世尚民主矣。"说君主便说君主，说民主便说民主，非要塞到公羊家的三世说里，搭配整齐，便以为有趣之极，深刻之至，正是古传的毛病。

顾颉刚算是破旧立新的大将了，后来却说，本以为这些年来是用欧美的新学来变易、代替中国的旧学，回头一望，"在中国原有的学问上的趋势看来，也是向这方面走去"，——好几千年里从来没有顺着"走去"，却仍然是"趋势"，这种信心，已难以评价了。近来研究公羊学的专家，有几位很值得敬重，且也力主变革，但为什么一定要把起点向后拉？有时我怀疑，中国果真是个特殊的国度，有特殊的国情，而唯一的证据，恰是有那么多人相信如此。

公羊学是个完整的、打通自然哲学与政治哲学、解释一切的政治理论，现在的新公羊学，更是如此，而且更加详尽。不过，我对所有完美的理论，都有戒心，因为如果不让现象屈从于理论，那种完美本无法达到。古希腊有个故事，说有个大盗叫普洛克路斯忒斯，强迫受害人睡在他制的铁床上,若身比床短,便强拉使与床齐,若身比床长,则截去余出来的腿脚。纷繁的万象,我们的复杂经验,放到任何一种理论的床上,会恰好一般长短吗?我是不信的。

不读《老子》

春秋，在现在看来，是很有意思的一个时代，人们健朴、高尚、讲规矩，但在春秋士人眼里，那是个政治失败的年代，礼崩乐坏，王令不行，大小诸侯僭礼越分，战争连绵，普通百姓的日常生活，记载很少，但想必也好不到哪里去。一批有知识的人，主张各异，却有一样共识，便是社会状态糟透了，须加改变。

孔子和老子都是极富同情心的人，但他们的社会设计几乎相反。孔子提倡道德的个人生活和完美的社会秩序，老子对此摇头，特别是对后者。他认为人无法被自外约束，社会本身就是失败，正如秩序本身就是混乱之因，在老子看来，唯一的出路就是解散社会，或把社会限制在最小规模上。

《老子》一书，基本上可以认为是老子的思想汇编，尽管成书于何时及何人之手，尚无定论。以前我们见到的读本，都曾经后人陆续附益修饰；感谢考古学家的工作，现在，我们有了几种更接近原貌的文本。

从《老子》书来看，悲观的老子，提倡的方法是从文明后退。在他看来，人们为利益而纷争，是任何制度也解决不了的，唯一的办法是消灭利益，无可争，则民不争，无可盗，则民不盗。富贵只会害身，金玉满堂，谁也守不住，反过来，每一个人都穷得要死，天下就太平了。

与之相辅的，是消灭欲望。穷人也会渴望富足，欲求那些虽然看不见却可以想见的东西，所以要让人们根本就不知道那些无用的事物。五音令人目盲，五味令人口爽，都在排除之列，如果你根本就不知道有那些五花八门的事，想不清心寡欲也难。

按老子的意见，文明的进程，就是大道被破坏的过程。失道而后仁，失仁而后义，失义而后礼（真希望孔子见到这样的主张），仁义礼智，不是挽回美好社会的通途，倒是失败的路标。老子的见解，是从原路退回，他提出的办法，从社会和个人方面，分为两种。第一种，是统治者要临天下以虚静，你在这里吃肉，人家闻到了，难免也想吃，你在这里听音乐，人家听到了，难免也想听，你提倡任何事情，都会使人竞争。所以要无为，"其政闷闷，其民淳淳"。

《老子》里有惊心动魄的话："古之善为道者，非以明民，将以愚之。民之难治，以其多智。"需要为老子辩护的，是他的愚民主张，和后世施行的，并不一致。老子倡愚民，不是为了举天下而奉一人，而是要君民同归于简。但不管怎么说，他也确实为愚民主义提供了一种理论解释。

老子主张的第二种途径，是个人的自修（这一点后来被庄子发挥了），本质上说，这是弱者以弱自存的生活哲学。他说，众人都兴高采烈，我独在一边发呆，众人都聪明伶俐，我独在一边发傻，这才叫知白守黑、知雄守雌、知荣守辱，这才是被褐怀玉。对眼前混乱的世界，什么也不要做，不要勉强，不要为天下先，也不要故示人以别，你们忙你们的，我则"居以须复"，走着瞧，——不，是坐着瞧。

老子和孔子不同的，还有他的哲人气质。他有出色的抽象能力，来建立一个概念系统。简化到最后，他得到了"无"。老子的哲学趣味，是忽视现象界，使万物混一为抽象的有，继而自毁形态，变成无，也就是大道所出的地方。老子厌恶事之多端，他采取了一种被后世恭维为辩证法的方法，把现象简化为两端，再把两端绕过来，使之相遇，这也就是人们常引用他的"难易相成，长短相形""曲则全，枉则直""祸兮，福之所倚；福兮，祸之所伏""将欲取之，必固与之"等等一系列格言。

这是非常漂亮也非常容易掌握的方法，想象一下它产生在两千多年前，我们就对老子佩服了。如果后人仍然满足这种封闭的、过于简化的、在哲学上毕竟幼稚的方法论，那是后人的没出息。

老子对后世的另一大影响，是他的反智主义。他说"美之与恶，相去若何"，分别万物的知识，都是无用的；治天下要绝智弃辩，自治则要寡闻以守中。他自信地说，"圣人不行而知，不见而明"，不出门而坐知天下事，因为那些事都能推想而来，没什么值得亲临的。好学的是二等人，忙于每天增加自己的知识，一等人的目的，是每天减少自己的知识，最后达到绝学无忧的美好状态。万一不幸，知道了些什么，也不要说给别人听，因为一开口便是无知，不说话才是真知。

老子同情弱者，反对强权，他的理想社会，是小邦寡民，如同原始部落。可惜考古学的发现，使我们知道，石器时代，人们的生活很悲惨，活不多久，就遍体鳞伤地过世了，老子想象的"甘其食美其服"的快乐，那时的人，并没享受到，不然，人类怎么会有迈向文明的兴趣呢？

老子是出色的智者，但他当不能料到，后世竟以他的主张，为不求上进的借口。他的智慧，后人没有用来启迪自己的心智，反倒用来辩护自己的懒惰。一本《老子》书，不过几千言，文字也漂亮，但你并不用看，因为你已经看过了，——老子的思想，早已渗入你我心中。何况，老子本人，是不会提倡读书的。

不读《论语》

《论语》是令我迷惑的书。也许是因为我们太熟悉了当代的分类法,也许是我们理解的学术,是由各种演进着的概念堆搭而成,——孔子有许多头衔,其中的一些,称呼起来不用犹豫,另一些,就没那么稳当了,比如,没有形而上学背景的哲学是哲学吗,孔子是哲学家吗,他是伦理学家吗,或干脆,孔子是思想家吗?这最后一个问题尤其粗鲁无礼,但我知道,不止一个人有这样的疑问。我们习惯于在体系中思想,一种没有体系的思想,似乎就不是思想。后代思想者的思想,大半由前人的思想激发,但我们不妨问自己,大半由个人经验激发的、使用未经特别定义的概念的思想,真的是不可能的吗?当然不是。

要了解孔子,没有比《论语》更可靠的书了,事实上,它几乎是唯一可靠的。我希望有这样的版本,把《论语》中孔子的言论和弟子及他人的言论分开编辑,甚至分成两本小书。《论语》中,有弟子们的许多高见,有的如此高明，我们不停地引用，甚至忘了那些并不是孔子的教导。但是，如果把这两部分对读，哪怕是不那么敏感的读者，也能发现，这些弟子与他们的老师，有一种气质的区别。这些弟子，并不是头脑都不如孔子，也不是缺少深思，但他们是拘谨的，受教于人的，像在别人家做客，无论如何也比不上主人举止自如。

《论语》是只言片语组成的书。越读《论语》，我们越好奇的，是为什么孔子会成为百代的导师。他教给我们什么？他教给我们在实际生活中，什么是好的或正确的，什么是坏的或错误的，在各种场合，我们应该怎样做，当不能决定时，什么是我们的道德基础，——但就这些吗？这听着像是我们的父母曾经做过的事，或我们将要对子孙做的事。难道孔子仅仅是个人生导师？

我将要做的一个比较，可能许多读者不会喜欢。我想请出的一个人，是莎士比亚。一代又一代的人，在纳罕什么造就了莎士比亚。不像孔子，莎士比亚没受过很好的教育，没有很高尚的文字趣味，对历史的了解来自乱七八糟的通俗作品，对当时世界的了解也是同样来源，甚至更糟，来自酒馆里的夸夸其谈。他的日子也平淡无奇，地位低下，一辈子忙于生计。就这样一个人，一个类似于今天写电视剧本的家伙，如今被我们目为天才中的天才、伟人中的伟人，他写的台词，被一代代人引用，——如果莎士比亚在一件事上说了一句话，那么，没有人再费同样的脑筋，去琢磨怎样说得更好。他是说得最好的。

孔子也是如此。这几天里，不知不觉中，我把他的某一句话引用了好几次。他说过的话，总有机会在特定的场合在心里跳出来，好像他等在那里，等着你想起他的话。在这一点上，他和莎士比亚一样，给了我们最好的表达，并通过流传，减轻了我们头脑的负担。除非有特殊的发现，这些表达总是现成的，可靠的，可以放心借用。

只是如此吗？当然不是。使莎士比亚的表达成为永恒的，是他的洞察力。孔子也是如此。使言词如此有力的，不是修辞技巧，而是他看到了，而且明白了。如果每个现象都有一个把手的话，他们这样的人，就像出于本能，一伸手就把它提将起来，而我们凡人，苦恼终日，也找不到那个把手。非凡的智力以如此亲切的方式流露出来，配以广博的胸怀——对人类境遇的广泛同情——我们怎么能不赞美他们呢？

《论语》不是板起面孔教训人的书，也不是教我们如何生活的书。对我们正在遇到及将要遇到的实际问题，《论语》不提供答案。我知道这是本被评说得最多的书，我知道许多人指望在《论语》里找到解决麻烦的办法，对这些读者来说，《论语》倒可能是制造麻烦的书，如果他们在读《论语》时松懈了对世界的不信任。是的，活在自卫中的人，不适合读《论语》，正如一个不对自己提问的人，不会明白孔子提出的问题比他回答的要多得多。实际上，有许多了不起的读物，都在纸面后面，隐藏着主人的真意，那不是能买到的，也不是可以偷到或抢到的。如果作者不喜欢你，他便说得少，或竟什么也不说。

不读《孟子》

孟子生在邹城，死在邹城，没什么争议，未免令当代人失望，因为对古代闻人，大家喜欢的，是生得糊涂，死得暧昧，各地的爱地者，才可以纷纷声称某某就葬在本地，有户口为证，或者某某就是我们这儿某村的人，昨天我还和他的一百代孙吃茶下棋来着。古宅于是乎新建矣，旅游于是乎开发矣，人民于是乎有币矣，——而孟子不曾野生道死，弄得大家无法分一杯羹，好不扫兴。在今天的人眼里，卖不到钱的东西，就不是东西，是不是因为这个，人们对孟子失去了许多兴趣？

我以前数次攻击孟子的思想，其实，我对孟子本人，是非常喜欢的。在我心目中，孔子之后的先秦诸子，若论人格高尚、诚实、善良，没有比得上他的。闭上眼睛想孟子，出现的是一个爱激动的老头，心眼儿好到极点，头脑简单，经常被别人气得哆嗦。

说孟子头脑简单，并不是说他肤浅，否则就是无视他的思想中谈心性的那一大部分。我们知道，孟子一直拿他的伦理学当政治学用，他的政治哲学，是要还原到个人的，完全不像是一种社会理论，所以当时售不出去，但论其源本，仁义比起天命来，更接近真正的合法性——同意。孟子的理论是，大家都做好人，好社会自然生矣。那么，为什么大家都有能力做好人呢？因为性善。为什么大家非得要顺这善的本性？做点坏事，不也很舒服吗？如果好人不得好报，为什么还要做好人？这就涉及最深刻的道德动机了，孟子谈心性，就是要把道德的最终动机，建立在我们心里。

我最敬畏孟子的，是他坚定的义务论。孟子，从社会理想，到哲学范畴，和孔子离得并不很近，但道德上的义务论主张，是这二老高度一致的地方。这会引来一个问题，那就是，古代中国尊孔尊了那么多年，儒生主管意识形态那么多年，道德主义盛行了那么多年，而实际的状况是，义务论色彩越来越稀薄，到后来只剩一张皮，真正执行的，是用戒条伪装起来的越来越彻底的功利主义。

明儒刘宗周说："君子之学，慎独而已矣。"这是孟子之学的要点。慎独意味着道德上的完全独立，不受他人评价的左右，只对自己内心的道德呼唤负责。一方面，中国的道德哲学中，这是最深刻、最个人化的一种；另一方面，也是最不能给社会提供伦理基础的一种。儒学内含的反社会性质，在这里也最明显，最接近道家。这确实是一条内圣之路，但有几个人能实现呢？所以明人一边大讲自省，一边任由社会堕落，因为群己之间，这种理论并未建成一种联系，个人的道德退路，并不是社会的伦理出路。何况，自己做自己的上帝，果真能提供"虽千万人吾往矣"的道德勇气吗？

现在中学课本里，颇从《孟子》中选了几段。有意思的是，那篇选自《告子上》的"鱼我所欲也"，列在初中课本里，而高中课本里，选的是"孟子见梁襄王"之类谈仁政、思想简单的几篇。也许选编者以为义利之辩，太初级了，只适合初中生思考；也许相反，以为高中生经验渐多，而孟子的义利之说，同我们的生活经验格格不入的地方太多，容易造成课堂混乱吧。

但这是一个每人迟早都会问自己的问题，这涉及我们每天的选择。我们无法完全接受孟子的道德方案，那么，我们的道德方案是什么呢？总得有个方案吧？

孔孟并尊，而他们的社会主张，并不一样。他们气质相通，生活的年代不一样，对自己的时代的评价不一样，假如孔子活在孟子的年代，大概也要少讲些礼，多讲些义。孔子哲学，不是为失败的社会准备的，孟子是。我们现在在欣欣向荣，大家满心欢喜，一路狂奔，恨不得二十一世纪赶紧过完，三十一世纪马上赶到，这是不是多讲孔子、少讲孟子的另一个原因呢？

要强调的是，仁政云云，是孟子思想中最不成熟的一部分。他的伟大价值，那使他当之无愧地成为孔子思想中涉及个人那一部分的发扬者的，在他对个人感受的强调。他是儒学里的一颗炸弹，可惜磨洗千年，引信已经磨掉了，现在供在圣庙里，苦着一张脸，正有"辱己以正天下"之忧。孟子谈人生是内行，谈民生是外行，而今读《孟子》谈民生，就是买椟还珠了。

不读《墨子》

有一个著名的问题是：中国的文明，在两千多年前就已很成熟，为什么却一直没有发展出科学体系？在严谨的历史学意义上，这个问题并不成立，因为历史并不存在什么法则，能够让现象必然地产生或不产生。还有其他几种文明也曾相当成熟，也都没有从内部产生出科学，科学的种子曾撒落在许多流域，但多数土壤，并不能使其开花结果。与其把科学视为人类文明的应有之义，倒不如把它看成是我们的好运气，这虽然也粗疏，却比前一种说法，更合实际些。

这问题虽不严谨，却意味深长，所以有很多人讨论。论者必然要提及的一个人物，是墨子。孔子殁后，墨子是当时最有影响力的思想者。墨家徒众，遍布南北，并且内有组织，有点像教团，一直到战国时代，还很兴旺，《墨子》中最让人感兴趣的文字，便是战国年间写就的。传世的《墨子》中的一大部分，是后学们的文章汇编，另一部分的作者还无定论，也许是墨子本人，也许仍是他的后学。

墨子早年接受的是儒家教育，后来另有想法。先秦政治学说的共同特点，是它们的社会设计，都以个人为出发点，却又都不回到个人上。明显的倾向，是说人都如何如何，天下就好了。墨子讲兼爱时，显出很强的推理能力，但仍在时代的风尚之中。他的政治学说，自然重要，但有点像儒学的另一个版本。今人对《墨子》兴趣浓厚的主要原因，在于书中的另一种内容。

《墨子》中有几篇，成于战国时期，后世统称《墨经》。先秦诸子书中，《墨经》是最难读的。它的文字太简略了，——别的书，文字也简略，但我们熟悉那言说的背景，所以读起来并不吃力。《墨经》辩说的背景，早已十丧其九，而作者在当时，只是大略记一下提纲而已。感谢清朝朴学家的努力和近代科学的映照，现在我们知道《墨经》在说什么了。

《墨子》有一句话，"知，接也"。知是智识的意思，接，便是接遇万物。比较一下孟子"万物皆备于我"的态度，便知其区别。儒家的特点，是对人事之外的物理世界漠不关心。孔子至少还想着"多识于鸟兽草木之名"，他老人家的弟子，说起人来，一个比一个勤快，说起物来，一个比一个懒。墨家的学风是辩论，辩论多了，发现一大部分恼人的分歧，来自缺少一致的定义。《墨经》

一项重要内容，就是下定义，定义的对象，有当时流行的一些范畴，如仁、义、礼、智、忠、孝等等，也有抽象的概念，如体、端、久（时间）、宇（空间）、穷、尽、同、异等等。有日常行为，如睡觉、做梦、利害诽誉、功赏罪罚，也有物理世界中的一些事情，如什么是方、什么是圆、什么是二物相接、什么又是相似。

《墨子》书中的定义，已有一种倾向，即从物理角度解释一些事情，如说"中，同长也"，便是。比这些零星的发现更重要的，是墨家的方法。儒家是很了不起的，但若和他们发生辩论，一定十分痛苦，因为他们既没有简单的逻辑准则，也没有习惯去遵守这样的准则。《墨经》一再强调，不同的事情，不能放在一起类比，比如，我们会说夜晚长，也说树木长，也说智多，也说米多，难道就可以去比较"木与夜孰长，智与粟孰多"？出于辩论的需要，逻辑学在墨家中发展起来，然而，遗憾的是，墨家的逻辑，说服不了那些不讲逻辑的人，只会令自己在与对方辩论时加倍不愉快。

这样一个富有生气的学派，在中国两次大一统完成之间，也便是秦始皇到汉武帝的两百年里，消失了。《墨子》也从读书人的架上消失了，本来，它有可能彻底失传的，幸有道家，误把墨子拉入自家阵营。即使如此，一千多年里，没几个人读过《墨子》，没一个人读得懂《墨经》。唐朝的韩愈是读过的,但一看他写的读后感,我们便知道,他完全不明白《墨子》的要义。便是这样,俞樾还夸赞说"乃唐以来,韩昌黎外,无一人能知墨子者",因为别人还不如韩愈。

二十世纪,风气又变。一本被遗忘两千多年的书,忽然被拿出来证明我们对好多事情都"古已有之",——仍然是"万物皆备于我"的态度。《墨经》中一些已不可解的地方,也被强解了,如"儇"条,说的什么意思,谁知道呀,现在已被解释为切线定理了。科学不热墨学热,是墨家的幸,还是不幸呢?这是无法断言的;所敢于断言者,是抛弃者若装得像没事人一样,当属脸皮太厚。当此之时,不读《墨子》,乃是对墨子最好的纪念。

不读《庄子》

把庄子和老子划归一派,是汉代文、景之后的事。有点奇怪的是,司马迁也随着大溜,说庄子的思想本于老子,以攻击儒墨为长,——以司马迁的遭遇,读庄子,正该感慨万千,引为先声,何以有此论呢?

先秦诸子,若从立场来分,有两大派。两派的共同点,是对社会现实不满,觉得这也不对,那也不对,自己不舒服,别人也不舒服,滔滔者天下皆是。不同点,是一派,要用自己的纲领改造社会,所谓狂者进取,如孔、墨,以及后来的名法之士,都是这样。另一派,更多着眼于个人感受,厌恶权力本身,所以对前者的社会理论,打心眼里不信任,觉得那只是将恶改良,至多是将凶恶的权力,换成好一点的,何况——如为后来的事情所证实的——也未必好到哪里去。

老子,实际上是第一派的。他对个人处境的论述,启发了庄子,但两个人的旨归,毕竟不同。在庄子,改造社会是无意义的,因为社会本身,便是个人的对头,至于政治，"方今之时，仅免刑焉"，一涉足便成大恨，躲还躲不及呢。

一个人，处在他不满意的社会环境中，何去何从，一直是古代哲人的大惑。是默默忍受，还是挺身反抗？是自保高洁，远离是非，还是跳到浑水里，想让大舟转向？是单骑独行，不以事功为期，还是招良聚莠，以恶抗恶？个人的力量极为渺小，集体又污浊，何弃何取？一个人对社会的义务，有无限度，这限度又在哪里？圆满的无趣，与破损的生动，哪个更值得争取，人生的意义，有无可能延伸到人生之外？

与庄子差不多同时，有一位孟子。孟子的格言是："自反而缩，虽千万人吾往矣。"孟子的道德勇气，光耀千载，如能再多一点反省，就更好了，一边仗义直行，一边对自己的"义"，不断反思，庶免勇猛过头，以百姓为刍狗。儒家的道德文章，都是好的，就是以先师的主张，为理所当然，不但自己不验证，也反对别人验证，离先贤的本意，也越来越远。而在庄子看来，以礼义绳天下，或以社会理论改造社会，那发生在后来的，乃是必然。

与庄子同时，还有一位屈原。若请庄子说屈原，一定会论为值得同情的反面教材。好好的一个人，非要以身试法，岂不愚蠢？但在屈原看来，自己是高阳的苗裔、楚国的贵族，对国家有义务，不容逃避，他又有政治理想要实现，"亦余心之所善兮，虽九死其犹未悔"。所以秉道直行，不惜身殉。在《离骚》中，屈原最后说"算了"——"已矣哉！国无人莫我知兮，又何怀乎故都！既莫足与为美政兮，吾将从彭咸之所居！"但实际上，我们知道，他最后还是一条道走到黑，"伏清白以死直"了。

除了取舍不同，性情两异，屈原和庄子的一大分别，是屈原追求的，是一种政治或社会方案。《离骚》中有一句话，叫"众不可户说"，而"户说"，正是庄子做的事。庄子哲学是个人的，并不包含社会的解决方案，前儒或拿庄子书，边翻边骂说，瞧，大家都如此，还有国有家么，怎么得了，这便是责人以其所无了。朱子说庄子"只在僻处说活"，是的，庄子确实不像儒者那样，说什么都是一囫囵，既然谈的是个体生命，自然在彼此之间。他的思想，若当社会思想看，立显幼稚、肤浅，就是当人生指导，也可能直接导致"不谴是非，以与世俗处"的犬儒主义，要是怀此两种算盘，还是不要读《庄子》吧。

荀子曾批评庄子，"蔽于天而不知人"，不知他在说这话时怎么想的，因为他恰恰说反了。庄子思想对社会，固然是一种瓦解力量，但又何尝不是使社会免于走到极端、人人自危的挽救力量？庄子的性格一定是极敏感的，因为战国时，社会还大致松散，他死后两百年，绝对国家大功告成，国家社会把市民社会挤得更扁，庄子连后者都忍受不了，若活在这时，无处藏身，也许会另有一番崭新的说法。

活在这时的是司马迁，已如前所说，陷入政治方案的迷局。庄子是不懂政治的，不过他谈国家政治的话，偶尔也精彩，如《杂篇·则阳》中的"匿为物而愚不识，大为难而罪不敢，重为任而罚不胜，远其途而诛不至"，正是作威作福的法门。

不读《孙子》

后人看春秋人打仗,会笑;春秋人看后人打仗,会哭。春秋时,天子在上,虽然管不了事,诸侯国也因此不能合法地吞并别的国家。战事的目的和规模都有限,军队由有身份的人组成,这样的战争,有点像决斗,未必要置对方于死地。到了孙武的时代,古旧的战争规则正在瓦解,原因之一,是诸侯的火气越打越旺,仇恨越积越多;原因之二,是兵源扩大了,农民和社会地位更低的人都被征召入伍,成为步兵;第三个原因,是新起的国家,如孙武从事的吴国,都来争霸,这些国家,不久前还被中原人视为蛮夷,遵守旧的规则,对他们来说,是既无趣,也无利可图的事。

不管政治家如何说,战争,对任何社会来说,都是一种将道德水准向下拉的力量。在战争中,人有机会做很高贵的事,但同时,欺骗、杀人,以及别的无数种不同寻常的行为,都是允许的。平日里要被掷石头的事,在战争中,国民要为之喝彩,那么,道德所需要的普遍性基础，必然要动摇。成熟的社会，自能平衡这种力量，而不至于每打一次仗，就堕落一次，但这种平衡，也不总能成功。

《孙子兵法》，是本了不起的战争教材。孙武子的事迹，我们知道得不多，但他一定是位出色的智者，因为他的战争经验，就史籍可见的来说，并不十分丰富，那么，他的推理和想象的能力，当超乎常人。先秦子书中，传为格言的句子最多的，除了《论语》，就是《孙子》十三篇了，特别是现在，好多人在记诵其中的警句，希望学到点什么，好去占别人的便宜。

在当时，《孙子》虽未必是专为吴国写的，却特别地适合吴国的情况。我们不能说《孙子》定义了一种新型的战争，因为《孙子》的论述，集中于战术方面，而在此之前，春秋的战争，已走偏锋。但实际地来看，《孙子》确实拆掉了一些枷锁，那些希望可以在战时为所欲为的人，快有好日子了。孙子之后的战国时期，战争变得野蛮，而蜂出的兵法，没有孙子的智慧，却远比孙子更重视智术。

后代或有批评孙子的，以为他强调的兵不厌诈，对世道人心有所侵蚀，甚至有人说："兵流于毒，始于孙武乎？"这不公平，因为孙子只是战术家，那些战争之外的事，怪不到他头上，而且他从未主张无节制的战争。

战争必然是残忍的,如何把战争的风气和社会风俗隔离开来,不是军事家要考虑的事。兵以诈立,是战争的格言,至于把它奉为日常生活的指针,那是众人的问题,和孙子无关了。

《孙子》是本好书,是一本讲战争的好书,不过它的绝大多数读者,一辈子也没上过战场。很多人说,官场如战场,或说,商场如战场,如战场的,还有情场、赌场、剧场、考场、球场、机场……总之除了引力场、磁场,什么都是战场。人们这样说,不外乎想豁免自己的道德责任,通过把自己想象成前线的兵士;他们读《孙子》,也不见得是真需要从中发现钩心斗角的智慧,——这个,人们早已有了,读读《孙子》,只是给自己的行为找个来头,说起来好听,想起来轻松。

所治愈下,得车愈多,是经常的,但长远来看,还没有过一个国家,靠要这种聪明,来达到可靠的成功。破坏规则者最先得利,但"我能往,寇亦能往",回火是迟早的事。归根到底,用在人事上的心思,从来也没有给人类带来实际的福祉。如果一个社会中,最出色的头脑,所钻研的问题,既非外物,也非自我,而都是些人际的长短是非,那么这个社会的成员,要实际而非想象地生活得越来越快乐,是没指望的事。

便是在战争中,智术也不是制胜的关键。文明社会,经常被野蛮人的骑兵冲得七零八落,尽管文明人聪明,懂得好多花样。《三国演义》的读者都会奇怪,诸葛亮总打胜仗,但蜀国的形势,却在同时江河日下。《三国演义》很多地方不合正史,不过这个道理倒不偏。

　　为什么说不读《孙子》呢?曰不用读。咱们这里,人人都是兵法家,至少现在是这样;在兵法盛行的社会里,不懂兵法的人,早已把基因还给上帝,彻彻底底地绝种了。不用读《孙子》,我们就已经拥有了使别人不幸福的种种智慧,至于如何使自己幸福,可以参考这条格言——它没有写在任何一本书里,只写在一切书里:别人的不幸,就是我的幸福。

不读图书

这里说的图书，指的是河图洛书。河图见于《论语》和《墨子》，证明在春秋时代就早已有这传说，只是他们提到河图，只二三字，我们从中得知黄河出图是很大的吉祥，至于这河图画的是什么，有无文字，抑或像伪《古文尚书》中说的那样，是一种宝器，已无可考。洛书之说，出现要晚得多，不会早于战国后期，是取自民间传说，还是方士捏造的，也无法知道了。

最有名的表述，是《易传·系辞》里说的"河出图，洛出书，圣人则之"。现在我们知道《易传》诸篇的作者，最早不过战国，但汉人以为那是孔子作的，所以《系辞》中的话，后来竟成儒学建立世界观的枢要。西汉的儒学，既驳杂又野心勃勃，龙马负图的传说，也就起于这时候，即大戴《礼记》之所谓"河出马图"。

大戴《礼记》又最早把一种数图和九宫联系起来。九宫之说也起于战国，说的本是帝王一年之中轮流居于九室，以与天文相应。大戴《礼记》吸收了汉代的数学成就，提出明堂九室的制度为"二九四，七五三，六一八"。

宋人所谓的洛书，就是它了，画成图，便是我们熟悉的九宫图，或纵横图的三阶形式。有个口诀，叫"二四为肩，六八为足，左三右七，戴九履一，五居中央"，现在许多小学生也知道的。对数学知识贫乏的古人来说，这一数字图式，越把玩越觉奇妙，甚至以为它是密码，拥有解释万物运行的神秘能力。

九宫图是怎么被派为洛书的呢？说来话长。汉代解易的书，有一本《乾凿度》，说太一在一年之中从一到九运行九宫，四时动静，于此生焉，而九宫的方位，恰如前述的纵横图所示。在这里，九宫图和易学结了亲。

五代至宋初有一位人物叫陈抟，是易学中图书学派的开创人。传说中的河图，本来谁也不知道是什么样（汉代图谶对图书有各种捏造，荒诞不经，后来也失传了），陈抟横空画了出来。别人或问，古人、圣人都不曾讲过的事，你怎么知道？陈抟的解释是，世界的秩序，是丝丝入扣、分毫不差的，故可以推理及之。陈抟画的图，混称为龙图，至北宋刘牧，始分河图洛书，河图为九宫图，洛书为五行生成图，比九宫图复杂一点。

这和我们熟悉的称谓是相反的。原来南宋出了一位蔡元定，他嫌刘牧的学说有道家气，改造了一下，令五行生成图为河图，九宫图为洛书，以合诸儒旧说，兼与理学调和。蔡元定是朱熹的朋友兼学生，朱熹接受了他的解释，这一学说，便通过影响极大的朱熹，渐渐成为正统，人们今天讲的河图洛书，无论意义还是图式，用的就都是蔡元定的定义。

啰唆这么多，是想让不熟悉此事的读者，了解一下河图洛书的来龙去脉，至于"河图洛书是中华文化的根"之类的坚信，则不是我敢操心的了。我见过的一篇论文，上来第一句就是"《奇门遁甲》载，黄帝夜梦天神授书，神龙负图出洛水，这说明在黄帝时代人们就开始运用洛书"。奇门遁甲……黄帝……说明……每个词都令人心惊肉跳。这种"文化"的根，也许确在河图洛书呢。

图书之说虽然穿凿，如果我们仔细辨析，也许能看出古人的气魄。儒学的先天不足，是没有宇宙论，所以汉儒取道家的万物化生学说，和五行家的世界秩序，来建立自己的一套天地学说。宋代图书一派，仍然继承了这一雄心，只可惜于数百年之后，仍坚持童蒙式的世界图式，在汉人为稚气者，在宋人就只能说是村气了。

因为源头不醇，图书之学在宋代就被欧阳修等人质疑。清代的一批大学者，重视考证，对这类臆说，更是抨击不遗余力。从实证的方面说，图书之说，不堪一击，但在另一方面，可以看出，理学也越来越成为最无哲学气质的哲学了。相比之下，说不定还是图书之学更可爱些。

只是这种学说，同古代其他一些兄弟学一样，相信最简单的、最原始的、最无须智力活动的，才是最正确的理论。对祖先的崇拜与对现实生活的不满结合起来，对秩序的热爱与对纷繁物理的厌恶结合起来，对终极答案的需求与对知识积累的不耐结合起来，这就是古人的，也许还是我们自己的气质。

不读《周易》

《周易》在中国的历史，实可谓心智的痛史。一本无辜的书，在几千年里，被欺骗和自我欺骗萦绕，被浸泡在反智的肥料中，生长为参天的愚昧之树，荫蔽着文明社会中反文明的古老动机。

古人重鬼谋，因为在他们生活的世界里，不可解释的事情，远多于已知的。殷人看重的，是用甲骨来占卜，那时也有用蓍草来进行的筮占，草比龟甲易得，地位便低。周人起于西陲，不得已而重筮法，等到他们灭亡了殷商，发动文化改造，筮占的地位升高。西周的筮师，把占筮所得的兆象和解释的话搜集起来，择精编次，使成一书，便是后人说的《易经》了。

《易经》里有两项内容，一项是卦象，一项是筮辞，卦象排列整齐，对今天来说，只是小学生水平的数学游戏，对上古人来说，倒也妙趣无穷。至于筮辞，大多东一榔头西一棒子，一半的原因，是陆续采撷，来源非一，另一半原因，是筮师要把话说得尽量含糊，多歧义而莫名其妙,才容易在事后自圆其说。筮辞的这个特点,后来被大大地利用了。

后世占卜的花样很多,有占梦的,占物的,占星的,占风的,占打喷嚏的,占耳鸣的,用棋子的有灵棋经,用牙牌的有牙牌诀,用三枚铜钱的有火珠林,用五枚铜钱的有金钱卦,再加上扶乩、灵杯、抽签、测字、谶纬推背、六壬遁甲,戏法不同,各有参考书,《易经》说到底,便是这样一种参考书,只是它成书极早,周人能编成这样一本书,也算了不起,其文献地位不容怀疑。

但故事仅仅才开始。后人不思进取,面对纷繁万象,既不动手,也不动脑,反向古人处讨说法,特别是浅学而坚信之人,或以一己之见,硬坐为古人立言之意,或竟不求知而求不知,不积累知识而积累无知,直至痴人说梦的无上境界。他们中间的老实人,当真相信《易经》里实实在在地蕴藏着日从东出、水向西流、万物化生,以及自己的不幸命运的终极解释。

世界上最愚昧的事,是允许自己处在愚昧中。假如我们同意,对广袤世界最少经验的古人,拥有最好的解释,那么,我们也就同意了,理性的目的是迷信,知识的目的是混沌,不可积累的高于可积累的,无可验证的优于可验证的,而且,我们还同意了,文明的方向从一开始就前后颠倒,是从终点驶向起点,其意义至多是保持人类的寿命，使其有时间达到古人已经达到的境界——愚昧。

《易经》只是《周易》的一半。另一半，通常称为《易传》的，成篇于战国时代至前汉，是先哲解释《易经》的文字。《易经》里没有哲学，《易传》里有，杂糅着先秦好几家学说，意思平常，但文字漂亮。那时附《易》立说的论文，有许多种，今本《周易》里的，是其一部分。

《易传》开了一种风气，后人追踵，有了易学。论者或说，易学中的哲学，不容忽视，而且中国的古典哲学家，鲜有不研究《周易》的。那么，对中国哲学的发展，《周易》岂不大大有功？这等于在说，文王拘而演八卦（当然，这只是传说，不可信），那么，禁锢对《周易》也有功了。中国哲学确实和易学关系紧密，但它从这种关系中受益何在？我们不能说，没有了《周易》，那些头脑就要停止思考了，我们倒是看到，从汉代到宋明，无数智力浪费在封闭的构造里，而且，《周易》的结构，在周人那里，是原始，在后人那里，便是幼稚，中国古典哲学经两千年而不脱稚气，谁能说和《周易》没有关系呢？

《周易》无辜，出了毛病的是我们的知识传统。《周易》这本书，若在书架上找，百中无一，若在人心里找，万无一失，传统中的反智特性，对我们浸淫之深，已到了令人不自知的程度。更令人气沮的是，事实和逻辑，这两种我们以为最强大的力量，都不足以动摇《周易》的信徒，因为他们所信奉的，恰恰是要忽视事实和逻辑。对半信半疑的人，若要相劝，也只能诉诸日常经验，比如请他思考，在他相识的人中，喜欢说《易》的，恰是那些诚实而头脑清晰的人，还是相反？

所谓"不必读书目"，针对的只是日常阅读。治学者自然要读《周易》，但对普通读者来说，没有另一本书，是像《周易》这样，不读而不必心不安理不得的了。

不读《太玄》

世界是怎么发生的？我们的先民，在地球的各处，都有同样的追问。这是十分可钦佩的，因为先民的日子辛苦，吃不饱穿不暖，还有心情思考如此本体的问题，文明之发生，果然不乏动力。先民既无物理手段，知识体系又极简陋，所以其解释，或托以神话，或诉于玄想，是极自然的。人类在知识的童年期，亦有童年般的兴趣，就像我们小时候，也会把这问题向父母发问。但通常，我们得到一个答案，如"是个老伯伯用泥巴捏的"之类，便觉心安，以后年龄大了，把这种兴趣抛开，转向实际的事务。在这一方面，面对遗传这一永恒问题的古人，是该有点不好意思的。

两三千年前的哲人，共同的倾向，是认为世界的发生，如同世界的结构，是由简生繁。他们的任务，是定义一种或几种因子，能够顺理成章地推论世界万象。如果把这种简化工作，比为竞赛，先秦的哲学家，无疑走得最远，因为无论是《老子》的混成还是《易传》的太极，都是不可形容的本体，没有物理属性，而且——在严格的意义上——也没有哲学属性，因为它与其说是逻辑的起点，不如说是知识的终点。

不论它叫元，还是道，还是太一、太易、虚廓、溟涬，都指的是那时空之外的非物之物。这万物之母何以要诞育世界，推动力在何处，难道是遗世独立得烦了，有一天忽然决定，要无中生有？对此，秦汉哲学并没有解释，这是稍可奇怪的。

当扬雄加入竞赛时，这本体已经有了几十种名字，而且汉人还想象出许多种发生的细节，说得有鼻子有眼，好像世界化生时，自己就在旁边看着。扬雄也讲了一个故事，但他并没有在此多费精神，他的野心更大，要给世界创建一个完整的索引，物象人事，如何运行，都历历可查。

西汉末期，很出了几位才智之士，扬雄是其中一位。有人认为桓谭比扬雄智力更高，大概是的，不过扬雄以勤补拙，成为当时最洽闻多识的人。我们在他身上，可以看到两种倾向：一种是重视实证，认为知识是要积累的，如他写《方言》，真是下了功夫；另一种是对智力的自信，以为哲人的明理，高于世俗之人的实际知识。他写过一篇《琴清英》，是谈音乐故事的，而他对音乐，本是外行，精通乐理的桓谭说"扬子云大才而不晓音"，大概就是对扬雄的越界气不过,但在扬雄看来,哲理就是乐理,至于音律,懂也罢,不懂也罢,对哲学家来说并不要紧。

《太玄》是这后一种倾向的极致。这书的体例是模拟《易经》,道理是发挥《易传》的,并不太ү。我说"不读"云云,实属多余,因为本来就没几个人读它,应了刘歆"覆瓿"的预言。我甚至不打算介绍这书的内容,因为实在找不到办法,可以形容它而不让读者觉得无趣。当时有人嘲讽《太玄》"费精神于此,而烦学者于彼",虽是俗人俗话,却离实情不远。

这是要替扬雄遗憾的。因为扬雄"默然独守吾太玄"的精神,十分可敬,他不慕荣华,不顾时议,洎如于自己的精神世界,乃是真正的哲人气质。他的哲学本身对后世的影响并不大,但他的哲学野心,对本体的关心,对普遍性的热恋,使他远高于俗儒了。

扬雄喜欢的一句话是,"贵知我者希"。这话是老聃说过的,但在扬雄这里,又别有意味。可惜他的《太玄》,古板而幼稚,不能给他增光。《易》的基数是一二四之类,扬雄作《太玄》,要另寻一套,百思不得其解,这时他九岁的儿子扬信,建议他使用"九"这个数,——这个故事完全可信,因为这种数字结构,确实只是儿童的游戏。所以一方面,我敬佩扬雄的精神,另一方面,又遗憾于他受到《易经》的拘限,未能展开才能。先儒为《易经》所误的,有好多人,有的人,不误于此则误于彼,没什么可惜的;也有的人,头脑出色,就很可惜了,扬雄便是。

在实际生活中,扬雄有一件事做得不好。王莽的时候,扬雄被牵连进一起案子。扬雄正在天禄阁校书,听说来人收捕,便从楼上跳了下去,幸好天佑哲人,没有摔死。但跳楼求死,过去是没有的,如纣王在鹿台,火烧眉毛了,也没有跳下去,便是想不到之故。扬雄一跃,乃启绿珠之殒,又伤富士之康,实在是开了恶劣的先例。如今社会和谐,而未臻十全十美,扬雄总该负点责任吧。

不读《命书》

街头摆摊算命，在高等城市如深圳者，大概是见不到的，——没有滞留的正当理由，只好自行离开；在我住的城市，偶尔还可一见，多是些瘦老头，在路边摆个小马扎坐下，面前一张白布，写些字样。旧时相面的，要先吆喝几句，现在不敢，怕人赶，所以袖手干等。有看相的、测字的、抽签的、算八字的，其中最辛苦的人是瞎子，闭一天的眼，直到傍晚，才好睁开眼睛，数一数钱，然而所得亦极有限。

这一行中，有本领的去说动上大人，有本钱的去开命馆，眼前这些混在街头上的，多半手艺不精，腥也不腥，尖也不尖，甚至是在地摊上买几本小册子，胡乱背诵几句，便出来挣点小钱糊口。给人算命，第一要紧的本领，是像福尔摩斯那样，见微知萌，见端知末，猜出主顾的身份、心事，才能说到人家的心坎里。我有时耐不住好奇，请这类人给我说几句，试了几次，不禁摇头叹气。须知这一行的好处，是帮人决断，那套推算的说辞，我等固然不信，但其中的好手，阅人极多，深通世故，往往一言决疑，比起专业咨询，又省钱又有效。但几次听到的，全是纯而又纯的胡说八道，所以要摇头叹气。

第二要紧的本领，是果真学过一点术数，这个就得看书了。单说这算八字的，看不懂《命书》《渊海子平》，至少也得拣《三命通会》《穷通宝鉴》这些明白易晓的，熟读它一两种，肚皮里有些东西，才好挟奇动人。

李虚中是八字算命的开创人。他是唐代中期人，做过御史。事迹见韩愈给他写的墓志铭，里面说李虚中精研五行："以人之始生年月日所直日辰支干，相生胜衰死王相，斟酌推人寿夭贵贱利不利，辄先处其年时，百不失一二。"

从这些话判断，李虚中是察言观色的高手。《命书》是八字算命术的头一部经典，旧题是李虚中的作品，清代学者已经不相信；据近人研究，现存的《命书》是宋代人撮抄诸书而生，而李虚中即使真写过一本《命书》，也不是我们眼前这本。但这本《命书》，里面应是记录了李虚中的一些主张，同韩愈作的墓志铭，以及唐代史料合读，说唐代便出现了八字算命，李虚中是这种术理的一个辑成者，应该是不会很错的。

古人和我们一样厌恶纷繁万象的难以统摄，下手却比我们果断，三言两语，便建立起一个模型，把什么都装在里面。在他们看来，自然世界是有玄机的，谁能找到，就找到了解释一切的关键。不管是五星三垣、四柱八字，还是别的什么体系，都反映着这同一个信念，八字以其简便，流行后世，中国人没有不知道的。但我好奇的是，用这么简单的方法，建立起命运模型的人，比如李虚中，自己相信不相信呢？

这个问题，也可去问别的方面的人，比如建立某种历史理论、某种世界理论的人，他们自己，信不信呢？建立八字体系，一项工作是推算已知其生辰的古人，使其相合，有这种详细记录的人，如鲁庄公、汉武帝、诸葛亮，并不多，这工作便不费力。体系建立之后，自然要受到事实的威胁，但理论的一种生存之道，是不断否认无法解释的事实，不断修改自己使之合于实在无法否认的事实，正如我们在算命术之外的地方见识过的。多言能中，这个道理古人早就明白，史籍记录了无数掐算准确的事，大声赞叹，至于那些算不准的，就是再多，也不受注意，传来传去，便成了韩愈说的"百不失一二"，要害在于，一种理论，是否同意自己被事实否定。

我想，这类体系的建立人，对自己那套东西，一定是颇为相信；同时，他们更为相信的，是体系的说服力，相信人类认知上的弱点，一定能使体系大受欢迎。

那么，下层的街边算命人，对八字之类的学说，是否相信呢？自然也相信的，在他们看来，这些东西是有学问的大人物想出来的，一定有道理，而且，是真是假，轮不到他们费脑筋，他们不想要什么自决权，只想有个方便的工具，来让脑筋休息，肠胃活动。自然，每一个没有饿死的算命人，都知道不能完全按《命书》上的教导来应对主顾，他们自己决定说什么，至于《命书》里的道理，胡乱牵扯一下即可，毕竟，你我不读《命书》，本来也不知道里面是如何说的。

不读《尧曰》

《尧曰》是《论语》中的一篇,这一篇的首章,通常称为"尧曰章"的,历来有人怀疑未必是《论语》本文,——若不是有这一点不清不楚,以我对孔子的毕恭毕敬,哪里敢在《论语》头上动土呢?不读《尧曰》云云,只是个题目,说的是先秦至汉代关于尧舜的传说,只是当时人的政治理想,不可以信以为史的。

尧舜的传说,周代文献中常见。最近新发现的"清华简",其中有一篇《保训》,是周文王的遗言,谈到舜的事迹,"不违于庶万姓之多欲",果然是有德之君。如果《保训》是真的(这意味着我会输掉打的一个赌),它就是对舜的最早记载了。

《保训》也罢,孔墨也罢,战国人讲的各种故事也罢,在里面,尧舜代表着古人的理想政治,不妨混称之为以德治天下。尧舜本是庶人,因为道德好,百姓归之如流,哭哭啼啼,求他做君主,等到死了,人民如丧考妣。当时也有若干大人物,因为心眼坏,百姓避之如避寇仇,结果这些人失掉权力，下场悲惨。

孟子喜欢拿尧舜，还有别的几位有德之君，来鼓励君主行善。如他说商汤，"东面而征，西夷怨，南面而征，北狄怨，曰：'奚为后我？'民望之，若大旱之望云霓也"，还有比这更动人的场面吗？人民如你我者，日盼夜望，等待尧舜这样的圣贤来做主子，细一想，也是挺可怜的，换一种跪姿，便自以为站起来了。

如从两面观，其一是，尧舜的传说，寄托着古人对强权的不满，用道德来抗衡强权，虽然力量上不成比例，至少是发自社会的良心。至于背后的问题——道德就能赋予一个政权合法性吗？有德之人就应该获得对他人的控制权吗？是现代人要考虑的事，而先秦古人，走一步说一步，生民困苦如斯，先解燃眉之急，也不用想那么远。

现代政治学者，研究权力如何发生才是合法的，大都认为应以同意为基，人们把自己的权利让渡出来一部分，以换取社会合作。这是一种逻辑次序，而非历史的次序。在历史上，从最早的神权，到后来控制分配，通过战争来建立国家，这也管那也管，种种权力，哪有一点是同意而来？

尧舜的年代，在中国即将进入文明的前夜，离农业的出现，已有五千年上下了。有了农业，一个人的工作，养活自己之外，竟有相当的剩余，财富于是发生，强权于是出现。但如果没有战争，族群内的公权，就算落入一人之手，对众人的威胁也不算很大，因为这种权力的幅度，和后来的相比，连小巫也谈不上。

可以想象两个不同族群的领袖，什么会给他们带来最大利益？那就是打一仗。若从效果来看，战争简直像是领袖之间的共谋，当然，这不是实际的情形，实际的情形是，战争是自然发生的，而且经常由小人物的冲突引起，你抢了我一只羊，我偷了你一只鹿，仇恨积攒，冲突渐烈，然后两位领袖各自站到高处，一个说，我们难道要忍受这个吗？他们要夺走我们的信仰、我们的粮食，把我们赶到寸草不生之地；另一个说，他们要杀光我们的男人，让我们的女人替他们生孩子。两个部族群情激愤，献粮献力，为王前驱，任何有异议的人，都被愤怒的人们用石头砸死了。仗打完了，国家有雏形了，就算是胜利一方的人，本来想抢几个俘虏的，自己却成了奴才，权利一旦交出，再也收不回，自由一旦丧失，梦也梦不到了。

尧舜正值国家发生之时，这个时代，必然是血腥的，充斥着镇压和征服，而成功者用道德和神意粉饰权力的本性，是所有君主都会的。善良的孔孟，特别是孟子，对强权的异议，被今天的人称为民本思想，也不算是过分的恭维。只是民本不同于人本,当年人民是集体地被强权征服的,但要走回头路,却需一个人一个人地进行。如无个人的解放,大家一股脑儿、一块堆儿就解吊悬了,是绝无可能之事。

我们现在重读先秦诸子的著作,常觉温暖,一批思想者,货真价实地关心人民的命运,他们思考的问题,在那个时代,已至极限,如无后来的思想大统一,孔墨庄荀的脉络,当延伸到更远,但君主明察秋毫,哪里会让这种事发生?汉武之后,尧舜,在孔墨时代尚为寓言的,就坐实为帝王的护身神、道德合法性的象征了。

不读《论衡》

前儒非议王充,是因为他不正统,问孔刺孟,对圣贤不恭。特别是《论衡》里的《问孔》一篇,专从《论语》里挑孔子的毛病,如宰予白天睡大觉,孔子骂道:"朽木不可雕也,粪土之墙不可圬也。"王充对此写了一大段,批评孔子说话太过分,而且圣人的话,不是可以随便说说的:"圣人之言,与文相副。言出于口,文立于策,俱发于心,其实一也。"

这也有点过分。《论语》中孔子的话,不少是随便说说的,如果他老人家按王充的标准要求自己,述而如作,一部《论语》,即使弟子们还编得出,也一定变得极其无趣。所以徐复观讥评王充理解能力太低,对孔子的一些问难,近于胡闹。

徐复观写《王充论考》时,海峡这边正在评法批儒,王充正在当英雄。徐复观的文章,要唱对台戏,所以贬斥王充,未免过火一点。不过他对王充气质的分析,很有意思。他说王充是一位矜才负气的乡曲之士,涉世落魄，而归结于自己的命不好，所以持命运论，做官时被人举报过，所以大骂谗佞，以儒生出仕，所以力诋文吏，身在主流之外，所以看不起博士，等等。

不管为什么，王充不惧权威，事求证信，是汉代出色的人物，这一点，现在的人没有不同意的。汉代董仲舒以后，儒生写的东西，除一二子外，看来看去，无比气闷。和他们比，王充是新鲜的，活泼的，使人微笑的（尽管他自己是个极严肃的人，从不开玩笑），难怪章太炎说汉代出了王充这么个人，"足以振耻"。

我们再看前儒对王充的抨击，说他自吹自擂也好，说他不孝也好，在现在看，这些都算不了什么，更不影响他著作的水准。

那么，我为什么不喜欢《论衡》，甚至列为不必读之目呢？一大原因，是书中的《宣汉篇》《须颂篇》等几篇马屁文字。

儒生事必法古，固然毫无进步气味，但在大一统局面已成、天下控于一人之手的帝制时代，三皇五帝天下太平那一套，竟是理论体系里少有的制衡之一。儒生永远可以对不可一世的皇帝说，你能比得上唐尧虞舜吗？能比得上周文王吗？尧舜时有凤鸟河图那些祥瑞，你有吗？皇帝再狂妄，也只好说"朕不如"。王充对此不服气，在《宣汉篇》里说："圣主治世，期于平安，不须符瑞。"

单独来讲，王充说的是对的，但他这么说的目的，只是力证当代为太平盛世："以盘石为沃田，以桀暴为良民，夷坎坷为平均，化不宾为齐民，非太平而何？"

王充竭力说明汉代比周代隆盛，进而上拟尧舜之世，也没什么不如，甚至："道路无盗贼之迹，深幽迥绝无劫夺之奸，以危为宁，以困为通，五帝三王，孰能堪斯哉？"

四十岁以上的读者，听到这几句，或许觉得耳熟。三十一年前，曾有一篇《歌德与缺德》的名文，引起很热烈的争论。文中有名言云："现代的中国人并无失学、失业之忧，也无无衣无食之虑，日不怕盗贼执杖行凶，夜不怕黑布蒙面的大汉轻轻叩门。"——当然，这并不是从《论衡》里化来的，只是古今谀时颂圣之作，说来说去，总不出那么几句。

秦代时间太短，大一统的形成，说起来还是在汉代。前汉的读书人，对此并不舒服。远事不说，近在战国，士无常君，国尤定岦，士人或秦或楚，或宦或否，颇有余裕，而在"野无遗贤"的汉代，一人决定一切，如东方朔所说，"尊之则为将，卑之则为虏；抗之则在青云之上，抑之则在深泉之下；用之则为虎，不用则为鼠"，而且无处躲无处藏，这叫率土之滨，莫非王臣。

到了后汉，习惯成舒服。比较一下《史记》和《汉书》，最大的不同，是司马迁还没有改造好，班氏父子则已改造得差不多了。王充改造得更好,认为臣子当褒君父,天经地义。他起初的心思,颇求上进,写《宣汉篇》诸篇,也是希图传到皇帝眼里,皇帝一高兴,召他"至台阁之下,蹈班贾之迹,论功德之实",妙不可言。可惜他一生蹭蹬,养了一肚子气,却是向着他的竞争对手,当代儒生的。对皇家,他从来没一点怨言。

现代读者,读《论衡》中那些褒功颂德的文字,觉得也平常,是因为我们见得太多了。在古代,这样津津有味地颂圣,王充是开风气的人。《论衡》书中,想皇帝之所想、急皇帝之所急的地方,比比皆是。王充是有思想有学问的人,但拿学术来保护皇权,实为一大发明。

不读《贞观政要》

古人心目中的理想政治，本来是尧舜时代，不过上古的事，暧昧难征，好比有雷锋而无日记，要大家如何学起？吴兢编《贞观政要》，便强调择善而从，"岂必祖述尧舜，宪章文武而已哉"。不止吴兢，后代许多人，都以为唐太宗时的朝政，可为楷模。不止一个皇帝说过，自己不敢想比肩文武，能仿佛唐太宗，就心满意足了。

贞观政治，自然不像正史里讲的那么美好，但依照古代的政治设计，贞观年间，确实是光辉时刻。那种政治所要求的君明臣贤，尽备于一朝，而且唐人承北朝风气，胸怀宽广而乐观，不必非以自相倾轧为乐。李世民本为好名之士，又有个不光彩的玄武之变，更加战战兢兢，慎言慎行。他自己完备了起居注记制度，借外力制衡人君。他的感想是，在朝中每说一句话，都要想到传出去后别人怎么看，后人怎么想。在这里，不要追索他的动机，是发乎本心还是受制于风俗制度，这一点并不重要而且难于征实，关键在于他确实在说明理的话，在做明理的事。

起居注，就是史官（太宗时叫"起居郎"）跟在皇帝身边，随时记录皇帝的言行。记来记去，太宗好奇心起，想讨要起居注，看看里边到底记了自己一些什么事情。他的话说得漂亮，叫"用知得失"，意思是想知道自己哪些地方做得不够好，以便改正。其实他最关心的，是对玄武门事件的记录。谏议大夫朱子奢上表反驳，说您老人家看看是可以的，但恐此例一开，后世君主不像您这么英明，——"饰非护短，见时史直辞，极陈善恶，必不省躬罪己，唯当致怨史官。……（史官）唯应希风顺旨，全身远害。悠悠千载，何所闻乎？所以前代不观，盖为此也。"

朱子奢以后世君主为辞，点破了太宗的用心，太宗只好作罢。过了几年，太宗又提出来看起居注，被褚遂良堵回。太宗只好向房玄龄讨要根据起居注编的国史，便是《今上实录》了。房玄龄率两个助手，用心删略，把编好的实录交给皇帝。李世民看到记玄武门事的部分，语多隐晦，便说我杀建成、元吉，可比周公之诛管蔡，没什么见不得人的，"宜即改削浮词，直书其事"。

话说得高明，其实是嫌实录的文章做得不够彻底。

几个大臣自然明白，又改了一遍，太宗终于满意。预修实录的许敬宗，最能体会上意，此人修史，胆子大，脸皮厚，惯能无中生有，移花接木。太宗伟大形象的确立，他是一大功臣。

那么，官史如此，就不怕民间史册有相反的记载吗？原来，中国修史的制度，到唐太宗完成了一大变。以前修史，或是个人的私学，或是史官的家学，至隋文帝禁绝私史，并无实效，唐代正式设立官方的史馆，垄断了档案，虽未禁私史而私史几于绝矣。像起居注这类原始史料，民间无得闻焉，想写本朝的国史也写不成。——这是贞观政治的另一大经验，要形成一种声音，只靠压制意见是不行的，还得在原始档案上下功夫。

吴兢是唐中宗、玄宗时的史官，见过一些档案。他编的《贞观政要》，是给皇帝的政治教科书。他抬出贞观政治，作为一种样本，采撷的自然都是好人好事，——当然，贞观政治确是人有可采之处，但《贞观政要》提供的朝政图景，又是非常简化的，它的观念结构，只有君、臣、百姓这三层，一个听劝，一个多劝，君臣共以百姓为念，然后天下大治，这离实际的政治，就十分远了。

后代君臣读《贞观政要》，据说是要学习太宗和那时的一批谏臣，这是不靠谱的事情，因为君要纳谏，臣要敢谏，这是自古相传的为政之道，已经被唠叨过几百万遍了，非得远游唐代去取经吗？只是《贞观政要》中有许多漂亮的例子、漂亮的话，不妨记下来，随时取用。百姓读《贞观政要》，也有被感动的，恨不往生东土大唐极乐世界，这个也只能想想而已，幸好也只能想想而已。

不读李白

"大跃进"诗云:"李白斗酒诗百篇,农民只需半袋烟。"话说李白的诗才,比起当代农民,自然是有所不如的了,但在唐代的诗人中间,他是头一名。其实,整个古代的才人中,论起语感之好,文或是司马迁,诗一定是李白;那些精确而有色彩的词,在旁人或凭运气,或反复推敲而致的,在他只需一招手之力,好像那都是他的奴仆,一直服侍在旁边。

不过,这里要议论的,不是李白的诗才,而是他的性格。不妨想象,我们在宴席中初识这样一个人:气派很大,嗓门也很大,一发言便说自己如何如何不得了,论家世是大姓望族,和帝王沾亲带故,又娶过宰相的孙女;论游历则南穷苍梧,东涉溟海,天下值得一看的事物,没有没见过的;论轻财好施,曾在一年之中,散金三十余万;论存交重义,则有削骨葬友的故事;论养高望机,则巢居山中,养奇鸟千只,一呼唤便来他手中取食;论起文学才能,更有某大人,曾拍着肩膀对他说,这小子真是了不起呀，又有某大人，对别人议论，那小子真是了不起呀。他说的这一大篇，除一两件外，或是夸大其词，或是自己瞎编的，那么，我们是打算喜欢这个牛皮大王，还是讨厌他呢？

李白，第一是个理想主义者，第二，他的理想，又很肤浅。虚荣心是他全部想法的中心，他给自己描绘过的人生目标，除了做神仙，就是做一个被荣耀和奉承者团团围住的救世者。他最喜欢想象的，就是自己倏忽而来，救人或救国于危患之中，又飘然而去，身后留下一大群痛哭流涕的感恩者。这种幻想，常把他自己感动得掉眼泪。

庸俗的宋人，时常批评李白的另一种庸俗，如苏辙说他"好事喜名，不知义理之所在"。苏辙说这番话，大概想到了李白应永王征召的事，其实李白当年应玄宗征，也未必很合他对自己的描述，但诗人一接诏书，恨不得连夜收拾行李，他当时写的一首诗，后几句是：

> 游说万乘苦不早，著鞭跨马涉远道。会稽愚妇轻买臣，余亦辞家西入秦。仰天大笑出门去，我辈岂是蓬蒿人。

我们都知道小人得志的样子；敢情大人得志，样子也不很好看。李白上长安,"当时笑我微贱者,却来请谒为交欢",好不扬眉吐气;虽然未得重用,但在他自己的描述中,却不是如此。这番际遇,以后他一有机会必要提到,看来是视为人生的高峰了。另外,说起前引诗中的"愚妇",他还另有一首诗,颇见心志:"出门妻子强牵衣,问我西行几日归。归时倘佩黄金印,莫学苏秦不下机。"说起"蓬蒿",李白一直瞧不起不立事功的人,羞与夷齐原宪这些人为侪,更不用说默默无闻的微贱之辈。

尽管如此,大多数读者,包括我,还是打心眼儿里喜欢李白。李白固有庸俗肤浅的一面,但谁不呢?只要庸俗得诚恳,肤浅得天真,一样能招人待见。李白不能为人下,在我看来,这是可贵的品质,另一种可贵的品质,不欲为人上,李白这方面的成色如何,不是完全清楚,但看起来,他不像那种硬心肠、不择手段的人,他的一些猛志,时不时地要让位给自己的同情心呢,那么,就几乎没有什么,让我们不觉得这个人虽然有点讨厌,毕竟颇可亲近的了。

要紧的是,李白是世俗幻想的代言人。咱们这些世俗之辈、平民百姓,自古以来一些零零碎碎的幻想、白日梦,一直在殿堂外面流浪,羞羞答答,找不到体面的描述,遇到李白,等于有了收容所。他的诗才,解救了他自己，也使无数普通人，用不着在形容自己的志向时张嘴结舌。

李白尽管爱吹牛，抒写自己柔软的感情时，是诚恳而不掩饰的，带来了他最好的一批诗句，也给他带来了女性读者，——一个没有女性读者的诗人，简直就算不上诗人。我曾经向四个人询问，最喜欢李白的哪一首诗，只有一个人答了一首豪言诗，两个人喜欢他感性地描写自然的诗句，一个人喜欢他写愁绪的诗。我想象中的接受比例，也恰好如此。

不读李贺

曾有那么个时代,诗歌铺天盖地。我们在报纸的二版或四版上看到一两首诗,毫不觉得异样,也不把目光挪开。我们读诗。他们写诗。那时候,一个人可以大大方方地自称诗人,不用担心周围的人会一哄而散;一个丈母娘,对女儿嫁给了诗人,也不觉得大祸临头。——这些并不是发生在几千年前、几百年前,或海外仙山上的事,而就是三十年前,我们国家的事。

三十年。发生了什么,改变如此之快?是这个民族精神上已丰腴有加,不再需要诗歌的滋润,还是减肥成功,容不下那些短行的赘物?是应该怪罪你我这样的人过于志得意满,看不起所有细腻的感受,还是该褒奖制片人和广告商,提供热烈的公共消遣,使我们有好多理由,没有一点时间,和自己厮混?也许,这个现象不过是某个进程的附属品,而那个进程,大家都知道,正把我们这一大群人,改良为绰绰有余、作作有芒、振振有词、津津有味、全无心肝的成功人士。

《春秋》责备贤者，如今是冬夏，那就责备弱者吧。我们的白话诗人，一百年来，越来越不在乎锻炼语言，而如果诗歌只是用日常语言，表达日常情感，还有谁不是诗人呢？本土的茹尔丹准要说，原来我已经说了四十年的诗了。须知，精致的表达不一定是诗，但诗一定得是精致的表达呀，精致的表达加上非常的感受如"纵做鬼，也幸福"者，才是我们想看的，相反，"在城里干活不仅要流汗，还要用脑子"这种日常加日常的妙句，再伟大也不太像是诗。

我们对诗人的期望很高。语言即头脑，语言的丰富就是头脑的丰富。突破日常语言的樊篱，诗人是先锋；所以我们热爱诗人，因为如果没有《楚辞》，中国人的世界要少掉一半色彩，所以我们容忍诗人，因为哪怕是最失败的语言实验，产生出最可恶的作品，也有可得鼓励的地方。

李贺那些最雕琢的诗章，不妨看作他的语言实验。在李贺的诗里，我们可能更喜欢"东家蝴蝶西家飞"之类，平实而不失巧妙，不太喜欢"一方黑照三方紫"之类，用力过甚，但李贺的价值，倒在后者。语言如何能够调度我们对感觉的记忆，如何通过巧妙的安排，在读者头脑中刺激出新鲜的画面，不实验怎么知道呢？

我们最早接触李贺，是在中学课本里。课本选的，都是李贺成功的作品如《金铜仙人辞汉歌》《雁门太守行》《李凭箜篌引》。早些年，我曾有一种意见，以为中学课本里也许不必选入李贺的诗，免得引导学生写得过于纤秾。那时，我还觉得选朱自清的文章，不该取《荷塘月色》和《绿》，正如不推荐李贺"绿波浸叶满浓光"那种用力的方向。

但时过境迁，现在我觉得，学生于修辞上用心，不管什么方向，都是好事了。看看我们现在的报纸、我们的网络，然后，最可担心的，看看我们的作家，对语言没什么敬重，而据说，这样的汉语，还要推广呢。如果头脑干枯、想象力缺乏可以传染的话，还有比它更好的载体吗？而所谓巧妙的文字，一大主流，是将词放在本来不该在的地方，像是把材料胡乱扔到坩埚里，冀在读者头脑中自行反应，——万一产生什么奇妙的物质呢？哪怕是爆炸也好。

实际上，李贺也有过类似的努力，但实验和混闹还是有区别的，我们知道李贺是如何苦吟。他前后左右，都有诗人用雕嵌的法子写诗，并不都成功，毕竟，拼命去表达脑子里的印象，拼命去掩饰脑子的空空如，其结果只在最表面上才相似，有经验的读者，一眼就可分辨开来。

如此说来，对李贺诗歌的态度，就有点复杂了。一方面，不希望汉语在他的方向上，走得太远，另一方面，又想推荐所有的诗人，读读李贺，特别是他那些名气不大的篇章，就当是去看看古代的诗人，有多么尽职尽责，或还可以帮我们想起一种尘封已久的情感，叫羞愧。白话汉语作为书面语，是吃着激素成长的，拿我自己来说，写起字来，极少有得心应手的时候，总是绊绊磕磕，跟跟跄跄。我自己已经绝望了，便指望别的作家，写出新的条理。不管怎么说，要驯化这头不匀称的巨兽，除了作家，我们还能靠谁呢？秘书？记者？如果汉语的规范形成在他们手里，大家也都可以闭嘴住手了。

不读王维

中国画最感人的一个主题,是将人与自然界的关系图写为极富诗意的场景,或渡头落日,或墟里孤烟,或江中渔火,或隔浦人家,青溪盘绕的柴门,红树遮掩的山窗,雾晓的舟子,雪夜的骡夫,等等。

为什么这是感人的?为什么我们觉得这些画面优美而富于意味,那意味又是什么?为什么"青溪千余仞,中有一道士"令人神往,改成"青溪两千仞,中有二道士"便成了笑话?与其寻求枯燥的答案,不如继续欣赏古人的用心。最典型的山水画面,我以为是在王维的半首诗里:

> 不知香积寺,数里入云峰。古木无人径,深山何处钟。

山水诗和山水画,起于六朝,复兴于唐。和六朝的乱七八糟不同,虽然经历了安史之乱,王维的时代,仍可以称为盛唐，国家高歌猛进，人民欣欣向荣，那么，王维、孟浩然、储光羲这些人，对个人命运及社会状态的看法，如此暗淡，是不是多少有点奇怪呢？

和众多的儒士一样，王维年轻时，也是奋发向上的，从他受张九龄的汲引而做了右拾遗，到九龄南贬，也就在两三年的时间里，王维对政治的兴趣，如同青年人的热情，迅速冷却。但政治挫折并不足以解释他后来的立场，他和当时的一批士人，发自内心地厌恶被赋予的社会使命，对政治和伦理生活失掉兴趣，早就发现传统的为儒家所描绘的天下图景，乏味到毫不值得向往。

王维自己的理想国，与其说在真实的山水之间，不如说是在想象之中。他几次退隐，又都复出，他厌恶人际的纷攘，又受不了贫穷和寂寞，他自称是清正的人，却不得罪每一位来往的大人物，不论那人是李林甫、李辅国，还是安禄山。用他自己的话说，世事浮云，何足关心，所以虚与委蛇，心不在焉，便解除了旧有的道德责任，不为礼法所累了。

对意趣相近却葆有节操的几位前人，他有所批评，或者说，藉批评以自辩。洗耳的许由，不解至道，解印的陶潜，忘大守小，至于嵇康的抗争，在王维看来，更是毫无意义，"顿缨狂顾，岂与俯受维絷有异乎，长林丰草，岂与官署门阑有异乎"，人事中的善恶，既无分别，出处去就，也便无所谓了。

彻彻底底的犬儒主义，与对合理生活的美好向往，就这么结合起来了。在后世，更加明显，一个人只要把自己想象为理想主义者，便可以心安理得地做一个现实主义者了。山林之思，一直是士大夫的隐身草，几乎没有一人，不是一有机会，就图山咏水，如单看那些诗文，你会奇怪，古代中国，怎么还找得到肯去做官的人，何况为之打破头乎。

王维想象中的山野，能将人洗净，使无所不安，又是友好的道具，给空虚赋予意义。王维学佛，得一空字。有意思的是，他，以及后来的一大批人，将空寂的概念，从哲学下拉到实际生活，这固然不是错误，但也足为遁术了。

王维的画没有流传下来，世传的几幅，都不可信。据说他喜欢画"雪景，剑阁，栈道，骡纲，晓行，捕鱼，雪渡，村墟"。在萧瑟的环境里，人的活动，仿佛回到本来，构成与自然界的单独关系，双方共演一出哑剧，还有比这更美好的事情吗？天才的力量便是如此，王维描绘的清静世界，那是上帝也造不出来的。

"独坐幽篁里，弹琴复长啸。深林人不知，明月来相照。"自怜自惜如此，谁不愿意诵读呢？我热爱王维的诗，也艳羡他过的日子，借用宋人的评论，是富贵山林，两得其趣。看来用不着云霞侠侣，鸟兽朋群，便在人伦中，也可安拥世外之思，办法之一，就是读王维的诗。

在另一首诗里，王维写道："日夕见太行，沉吟未能去。问君何以然，世网婴我故。"世网撄挂，沉吟难去，所以要歌式微而写空林，以冀明月之一顾。王维毕竟是有远志的人，后人无王维之志，行则百倍不堪言，来迁之余，画一大山，中置一峨冠而貌类君子者，曰此我也，此我心隐处也。明月有光，宁照此物耶？

不读韩愈

古代文人，如果写得好一些，现代人就叫他文学家，——这也无所谓了，反正"文学"里早已什么东西都有，犹如文联里什么人都有。是的，文学早已被普遍理解为带有"文学性"的文字，而"文学性"，听起来不知所云，但据说实有其物，可以在"只盼坟前有屏幕"这样的诗歌里或小说里找到，也可以在说明书或广告词里找到，正如行家可以在乡下的蓝门帘子或上古的瓦罐上找到"艺术性"一样。

麻烦的是，如果我们讨论古代的文章，不知道是拿文学的尺子，还是修辞的尺子去衡量。比如今天要说的韩愈，是一位修辞大家，但顶着文学家的帽子。如果去摘这帽子，好多人要不高兴，若在帽子下说事，又将对韩愈不恭，该怎么办？

韩愈的诗，前人也不都觉得好，如王夫之说他的诗"以险韵、奇字、古句、方言，矜其饾辏之巧，巧诚巧矣，而于心情兴会，一无所涉，适可为酒令而已"。不过，韩愈的散体文章，极少有人说不好的。

后世文人读古文，写古文，是高雅的事，其所谓古文者，不是典谟训诰，甚至也不是左国史汉，其根源，尤其是心法，倒在韩、欧那里。我们看一部《古文观止》，韩愈一个人的文章，收了二十多篇，再看今天大家用的成语，来自韩愈的，有一百多条，比来自《诗经》的还多，便知他的影响之大了。

当年韩愈力倡古文，心中的对手，往近里说，是当时浮华的文风，往远里说，是六朝文字。韩愈不唯不喜六朝人的骈体，更不喜欢的，是六朝人士，在他看来，言不及大义，驳杂无方，用今天的话说，思想太不统一。韩愈写了不少端正人心的文字，但深思穷理，并非他的所长，在道统中，他只是个打手，比之孟子，犹远不如，讲起道理来，捉襟见肘；但在另一方面，他竟真做到了整肃文风，一于正道，实有秦皇汉武之功。

六朝文字真的那么糟糕吗？远未见得。一部《文选》中，很有意思的文章，至少有几十篇。那么，韩愈及以后的"古文"里，能写到那么有意思的，有多少篇呢？照我看，一篇也没有。

韩愈在文法修辞上下过苦功，深通拗折矫变之道，可以把一件家常道理，翻过来，掉过去，说得十分充分，不容辩驳，也可以把一件极无趣的事情，说得津津有味。

那么，如果用来说有趣的事，岂不锦上添花？可惜的是，读韩文训练出来的人，能保有什么好趣味吗？我深表怀疑。韩愈使之臻于极致的是，无诗意也可以为诗，无趣味也可以为文，丁点儿道理也没有的，照样理直气壮地讲理。他的文体，简单地说，是庸人的救星。

他自己也想写得有趣一些，而且颇为用力，诗如《嘲鼾睡》、文如《送穷文》之类。我读韩文，最怕读到他老先生"幽他一默"的地方，实在是尴尬。

近古文人，不管有无想法，有无见识，有话可说或无话可说，随随便便都能作出一堆诗文来，或无病而呻吟，或病于甲而呻吟乙。这是训练来的功夫，应予致敬。如果确有事要写呢？——韩愈真正露出里子的地方，是他主撰的《顺宗实录》。这部书，在后世的评价不太高。甚如近人李慈铭者，痛骂《顺宗实录》，由骂文章而及于骂人，说韩愈"端人而急功名，俗儒而能文章者也"。

我的看法相反。我觉得韩愈的作品中，《顺宗实录》（里面的文字并不都出自他手，但一大部分当是）是最好的。没有那么多的身段，朴实许多。他的日常文章，陈言虽少，陈意太多，所以写得大巧若拙，用力掩盖这样的事实：我其实没有什么可说的。

古代文人，先是行为统一，然后是思想统一，最后连文风也几乎统一了。文风只是余事，只是证明文化阶层完成其最后的堕落，必在文化。古文即时文，考场外的八股。考场里的八股是不得已而作，考场外的八股，不能不作。明清间也有所谓文学革命，但恰如农夫梦见自己当了皇帝，无拘无束，想吃什么便吃什么，然而吃什么呢？想了半天，只想出个炸酱面。

　　韩愈的文章写得好不好？好。要不要看？不看。好文章为什么不看？曰好文章不得其人而看，不一定是好事。他的修辞和文法，后人尽已继承，上过中学的人，当早熟悉了；没理搅三分的手艺，连没上过中学的人也早熟悉了，不用远远地跑到文公那里及门亲炙。

不读四六

我的意见是，当代人，不要用文言文写整篇文章，就算是觉得腹中的学问多得装不下，溢到了嘴里，宁可强咽回去，也别干那荒唐事。至少，要做到三不写。家里但凡还有一斗米，不要写；就算是家里断粮了，没人拿枪指着脑袋，不要写；就算是家里没米了，且有人拿枪逼着，但写起来踉踉跄跄，捉襟见肘，那就死也别写。

近年高考作文，有用文言的，虽然七窍只通六窍，也博个满堂彩。看来，在许多人心目中，文言文是"贵族文体"。但这死去的书面语，太难鼓捣，不是多看两遍《聊斋》，就能有心得的；一不小心，画虎不成反类犬，贵族没当上，倒成了门外的小厮，岂不亏哉。年轻学生好奇，不能责备，有身份的作家学者，则应小心，哪怕是事有不得已，也当另想别的应对，以免写出"重重悲欢归于枫叶，滔滔故事凝于静穆""高山仰止，焉敢班门弄斧；名楼扩建，确需新手操觚"这样歌词不像歌词、广告不像广告的句子。这两例都是对偶句子，后一个更是四六句的格式；北朝的魏收说过，"会须作赋，始成大才士"，但那是一千五百年前的事，如今文体繁多，要谀时颂圣，法门千千万万，何必非得用文言呢，何必非得用骈体呢，写成这样，岂不是不着四六？

四六是骈体的另一个名字，因为多用四字或六字句，自南朝的徐陵、庾信之后，更是习用四六句间隔作对，便如前面"高山仰止"那个例子。骈体文，因为太讲究形式，从唐朝以来，一直是批评的对象，以致现在的学生，只知韩柳，不知有徐庾。赋体文章，中学课本里是有的，但据我所见，选的多是宋人改革文体之后的赋，如《秋声赋》《赤壁赋》之类，虽然有些对偶和押韵的句子，本质上还是散体。作为魏晋南北朝主流文体的赋，毕竟是一代之文学，在课本里却不怎么有。

骈体文的缺点之一，是这种平行的文体，帮人脑子变懒，功夫用在字面的联属，而不是多想一步，比如苏彦《秋夜长》中有这么两句："时禽鸣于庭柳，节虫吟于户堂；零叶纷其交萃，落英飒以散芳。"表面看，对偶的前后句子，各说了一事，其实后者受制于前，前句一写出，后句跟随而上，并不需要想象事物的实际情形。

尽管如此，我还是主张中学课本选几篇魏晋南北朝的赋体文章。汉语是单音节语言（起先亦曾是多音节的，但那是很早很早以前的事了），又失掉了大部分辅音尾，急促而硬，文章要顺口，得在声音上多下点功夫。隋朝有一位叫李谔的官员，上书请禁浮华文风，批评齐梁文章"连篇累牍，不出月露之形，积案盈箱，唯是风云之状"，说得不错，然而他老先生这两句，恰是骈体，看来汉语本身的一些特点，对文体的影响，不容易对抗。为什么小孩呼帽为"帽帽"、袜为"袜袜"，为什么《诗经》里有那么多的重言词，为什么汉语的双音词在使用上压倒了单音字，我们的语言，需要不少的羡余，才说得好听，写得好看，这是没办法的事。

尽管古音流变至今，差别已经很大了，但六朝赋文，仍然是最好的训练，帮助我们处理汉语的声色，感受形式之美。中学语文中的文言阅读，自然不是要教学生写文言文，甚至也不只是告诉学生哪些是"好文章"，——还有一个重要的事，是培养语感，积攒语言的材料。汉语在这些年，先是被暴力的粗砂磨了又磨，又给改成快餐盒，随用随弃，——不敢说汉语在退化，但我们这两三代人，语感确实是在退化，当此之时，读一点六朝文字，虽然它过于妍冶，虽然它过于繁富，也许另有一种纠正之功呢。何况，赋体文章的铺叙，并不都是废话，穷极声貌，需要在对象前多停留一会儿，而不是扫上一眼，立刻就声称"我知道了"。曹子建《临观赋》"进无路以效公，退无隐以营私；俯无鳞以游遁，仰无翼以翻飞"，这样的句子，或能帮我们有志于充分的表达，而在充分的表达后面，是头脑从容地处理材料。无论是描述，还是思考一件事情，匆遽不一定是聪明，哪怕是在网络时代。

不读文薮

鲁迅说:"唐末诗风衰落,而小品放了光辉。但罗隐的《谗书》,几乎全部是抗争和愤激之谈,皮日休和陆龟蒙自以为隐士,别人也称之为隐士,而看他们在《皮子文薮》和《笠泽丛书》中的小品文,并没有忘记天下,正是一塌糊涂的泥塘里的光彩和锋芒。"

鲁迅提到的这三个人,正是读书人遭逢末世,挣扎出路,同一类型人中,三种结局的代表。这三人的共同点,就是肠中有热气,自己已狼狈不堪,犹以天下,斤斤为念,而不肯笑一笑说,随他去吧。其实晚唐文学,可观的地方尚多,鲁迅下此断语,正是壮志未酬身已老的时候,看身边的景象,未免有些急火,所以举此三人,大概是看中了他们对世务的不能释怀吧。

这三个人中,最执着的,是罗隐。罗隐一共参加了十次贡举,为了成名,把自己的名字也改掉(他原先叫罗横),十次之后,"我未成名卿未嫁",还不泄气,天下大乱,犹流连不归,直到老了,才想到"年年模样一般般，何似东归把钓竿"，又听了算命先生和卖饭老媪的劝，掉头回乡，果然峰回路转，遭际了割据东南的钱镠，罗隐的才学，比祢衡要高，钱镠的胸怀，比黄祖要宽，君臣相处得尚好，对罗隐来说，吴越的局面，虽然不算大，但把眼睛挤小些看去，也是一棚天下，他一直漂泊无依，穷惯了的人，老来终于生活安定，这晚来的福气，也颇可宽慰诗人的诗心吧。

许多文人的一种包袱，在陆龟蒙那里，从一开始就没有，——他家里有钱。他也应过举，也入过幕，见势不妙，抽身就走，换上别人，如果家徒四壁，未必能像他那样进退自如。和皮日休一样，陆龟蒙也是以天下为己任、幻想力挽狂澜的人，但他的牢骚，只有半肚皮，还空着一半，放些使自己舒服的事，我们看他写《耒耜经》，编《小名录》，知他从容不迫，非只是因为有点家产，还得说，他的性格，不像他人那么执拗，多少有一点贵人气，不肯把脸送上前让人家打。他最有意思的作品，是《江湖散人歌》和《江湖散人传》，所谓散淡，按他的理解，就是若即若离，不为守名之笙。《江湖散人歌》里说，在一个黑白颠倒的时代，个人是无力的，只好把注意力分散开，"语散空谷应，笑散春云披，衣散单复便，食散酸咸宜，书散混真草，酒散甘醇醨"，总之，不可把自己赔在里面。

皮日休又是一种命运。他出身寒门，没有退路，只能如许多唐代文人一样，四处干谒，作为进身之阶。因为姓氏稀罕，他第二次应进士第，就被人家挑中，给他在榜尾挂了一个名，这番运气，比之罗隐，是好很多了，然而后来他的不幸，和这进士的头衔，大有关系。他有一搭没一搭地做过一点小官，又做到太常博士，偏不得清静，先有王仙芝，后来黄巢，搅得天下更乱，那黄巢，更是把他劫到军中，做起翰林学士来。翰林学士，是专业的文学侍从，唐代诗人，最喜欢的着落，李白、白居易，都做过的；到了晚唐，职权更重，礼遇更亲，离宰相也只一步之遥，对有些政治抱负的皮日休，尤其对心思，不料他果真做上翰林学士，却是在黄巢那里，不知他是该哭，还是该笑。皮日休的死，有两种说法，一说是被黄巢处死，一说是被唐朝的官军处死，一代才人，不得善终，可悲也夫。

三个人都是才子，又都关心世情，罗隐的才气最高，三个人中，他的诗文最好看，警句多，议论痛快。陆龟蒙学问最好，也最会玩，花样百出，将智力均匀地分布到各种事物上。皮日休最合传统的正道，和韩愈气质接近，而韩愈有的一点小滑头，他却没有。《文薮》是他的自选集，里边的议论，同他为人一样，很是迂腐，现在读来，只好为他叹气。

皮日休只有过几年舒心日子，那是在苏州，他同陆龟蒙结为好友，诗酒往来。他俩唱和的诗，《文薮》中有一点，但要看全，还得看皮陆的《松陵集》。在文学上，《松陵集》常被后人批评，因为它太闲扯淡之故。但诗歌不幸诗人幸，读者的感受，同当事人的，那是很不同的了。

不读桐城

这还用说么，不少读者连桐城派这名目都不熟悉，怎么会去读它？但不知道名目，不见得没受它的影响。举桐城派而言之，不过是因为他们将对文章的一种理解，说得图穷匕见，而这种理解，至少从唐宋以来，是文论的主流，化身繁多，迄至今日。清代的桐城派，特其一种面目耳。百年前新文学运动，自以为打倒了所谓"选学妖孽，桐城谬种"，孰料这边方在庆贺，那边早借尸还魂，真个是八股不朽，桐城万岁，陈钱诸人地下有知，做鬼也不幸福吧。

桐城派我们若不熟悉，唐宋八大家，或听说过，那和桐城派，是一种东西；唐宋八大家若不熟悉，就回忆一下自己在中学语文课的经历，或看一下孩子的语文课本，那里面的讲解，和桐城派，仍是一种东西。课本里选的，除一二篇外，确实是好文章，但教师（以及教他们这样讲的人）做的，是将文章视为一种器物来研究。好比一把椅子，又漂亮又能负重，我们便想它是可以复制的，只要知道了技法；所以要研究如何量尺寸、下木、做榫等，加以练习，自己也能做出一把椅子。以这种态度看待文章，结果就是语文教育失败失败再失败。今天文章写得好的，都是从别处得来营养，语文教育界攘其功而归诸己，未免皮厚。不信看看高考作文选之类，据说都是范文，中学教育的成果，可有一篇像样？这些学生以后当然还有机会写好文章，不过得靠自己再来读书，此外，还得把中学里学的文章作法之类忘掉。

桐城派的荒谬之一，是归纳笔法、窍门之类，从刘大櫆的十二贵到林纾的十六忌，统统都是鬼话，但老实人往往上当，以为熟记了这些尺寸，便能写好文章。举一个例子。《汉书》有一段，记有妄人说长安监狱中有天子气，汉武帝相信，便派人到各狱诛杀囚犯，至丙吉临时负责的一个监狱，丙吉闭门不纳，使者回去告状，"因劾奏吉。武帝亦寤，曰：天使之也。因赦天下。郡邸狱系者独赖吉得生，恩及四海矣"。林纾讲"用笔八则"，说"郡邸狱系者独赖吉得生，恩及四海矣"便是所谓的顿笔，"就文理而言是顿笔，就文势而言是结笔"，班固顿得好，所以"神光四射"。其实班固只是在述事，哪有什么笔法不笔法，林纾的鬼话，我们现在读了，自然不信，但它的变形，正在如今的中学里泛滥，教出来的作文，怎么能不矫揉造作？

林纾编过一套中学国文课本，在一百年前风行过，选的第一篇，便是方苞的《原人》，接下来是姚鼐的两篇，——这两位，是桐城派的一将一相。林纾却从不肯承认自己是桐城派，——这不要紧，桐城派而不肯承认的，现在还多着哩。他的文章，按自己的理论来写的，借陈独秀的一句话，是"摇头摆尾，说来说去，不知说些什么"；他也有写得好的，却是译笔，违反了自己的主张，反倒活泼起来。

桐城派最不好的地方，还不是穿凿说文，而是他们划分所谓"形式"与"内容"，物序也罢，义法也罢，道艺也罢，说的都是一个意思，以为语文是单纯的表达，被表达的在心中或别的什么地方，所以要写得好，需分别努力。作为分析工具，这二分法有时有用，但解释思想的过程，仍然穿凿，因为我们无法离开语言来思想，也无法离开语言来发现自己的感受，好的语言，与好的头脑，完全是一回事，至于把想法写下来，需要一点文法修辞，不过是与人谈话的艺术，对丰富的头脑来说，是水到渠成之事，且与自言自语中产生的想法，并不在一个过程之中。朱熹曾赌咒发誓地说，"今日要做好文者，但读史汉韩柳而不能，便请斫取老僧头去"，——若写古文，不读史汉韩柳，营养确实不够，但读了史汉韩柳，就能写好文章吗？万万不是，如果一脑袋糨子，即使卖尽身段，写出来的，至多是糨子饸饹。

  桐城派人的文章也有写得好的。这些好的，为什么好，他们自己也不明白。桐城派说文，说来说去，好文好书到底从何而来，对他们来说仍是个谜，智尽辞穷，就使出老手段，归诸"神气"之类的玄妙，甚如姚鼐，说"文章之原，本乎天地"，已近乎撒赖放泼，不值与之计较了。

不读袁枚

我喜欢袁枚的，不是他的雅韵，是他的俗调。袁枚厌恶理学的不近人情，他自己的俗，便成挑战了。比如雅人据说是要逃名的，而袁枚是好名的，最喜欢说别人被他的诗感动得一把鼻涕一把泪的。

他常提到郑板桥，还讲过一个故事，说他们见面二十年前，郑板桥在山东听说袁枚死了（当然，那是误传），顿足大哭。这件事，郑板桥没提过，郑板桥的朋友也没讲过，——当然，不能据此就说没这个事，也许有，也许没有，也许是见面时郑板桥的玩笑话，袁枚装糊涂，故意当真，总之，谁知道呢。郑板桥是错哭过一次的，确也是他在山东时，但哭的是金农，而金农和他是同志，且相识十来年了。

郑比袁大二十来岁，两人本不相识，直到两淮盐运史卢雅雨虹桥修禊，有名无名的文人，来了无数，袁枚从杭州赶来，见到了郑板桥。从头到尾，他们只见过这一面。

那次，板桥送袁枚两句诗，"室藏美妇邻夸艳，君有奇才我不贫"，口气微有调笑之意。除此，郑板桥留下的文字，没提过袁枚。板桥的名气已经很大时，袁枚还在上升期。若干年后，板桥已殁，袁枚成了诗坛大佬，再提起郑板桥，口气就变了："板桥书法野狐禅也……乱爬蚯蚓，不识妃豨，以揠苗助长之功，作索隐行怪之状……"

袁枚常受到两方面的攻击，一方面，是说他伤风败俗，没学问，等等。风化的事，与诗无涉，置之勿论，至于学问，可用袁枚自己的话来反驳，"考据家不可与论诗"。在今天看来，袁枚的"郑孔门前不掉头，程朱席上懒勾留"，是他的好处。

另一方面，又有人批评他行止不够坚定。这就有点复杂了。南宋大诗人陆游，曾和韩侂胄交往，为他写《南园记》，道学家群起攻之。袁枚评论说，按宋儒的意思，"必使侂胄铲除善念，不许亲近一正人"，才是坏人本色，而正人又要视侂胄为洪水猛兽，避之唯恐不远才行，正是这种对人性的狭隘理解，启迪了明代的党祸。

袁枚的意见，是很合人情的。但他又在别处说，大圣孔子，乃古之周旋世故者，最会察言观色，体贴人情。嵇康箕踞，就未免太骄矜了，所以要思"圣人之所以处世，而勿效名士之覆辙"。

这是不是有点乡愿呢？也未必如此，不过，袁枚对这个关节很敏感，比如，吴敬梓《儒林外史》稿成，袁枚读到了。《儒林外史》对文士的讽刺，可谓刻骨，但并没有针对袁枚的地方。袁枚皮袍里藏着小，对号入座，看了极不舒服，到处说吴敬梓的坏话。吴敬梓知道了，上门找他理论，袁枚知道吴敬梓口辩功夫了得，不敢撄其锋，闭门不纳，然后回信，说了些乱搅的话，什么"虽不见如见，虽见如不见"，什么不见客是"藏己之拙，养人之高"，等等。提到《儒林外史》，他说：

> 朝廷清明，贤者在上，不肖者在下。邦有道，贫且贱焉，耻也，君子不恶其穷而恶其所以穷。安得如书中愤懑语，以悖教而伤化哉。

意思就是说，你书里写的那些与世不偕而混得不好的人，是他们活该。

同样的意思，后来他给程晋芳的信里，说得更明白：

> 我辈身逢盛世，非有大怪癖，大妄诞，当不受文人之厄。

这样的话，不似出自袁枚之口，恰恰出自袁枚之口。但评价袁枚，可以参考他本人的一个好见解：

> 孔门四科，因才教育，不必尽归德行，此圣道之所以为大也；宋儒硁硁然将政事、文学、言语一绳捆束，驱而尽纳诸德行一门，此程朱之所以为小也。

在泛道德主义盛行的古代，有这样的见识，很了不起。孔子不也说过嘛，"有言者不必有德"，袁枚的读者，尽可以只把注意力放在他的诗文上。

可惜的是，尽管以诗立身，袁枚的诗并不特别好，整篇出色的尤其少。我喜欢的，是他的一些警句，如"文士镌碑僧凿佛，万山无语一齐愁""才子合从三楚谪，美人愁向六朝生"之类。他的文章，要比他的诗好，他的《随园六记》，也比《随园诗话》好看些。

也许他并不是天生的诗人，"自笑匡时好才调，被天强派作诗人"。但在古代，诗是一种生活方式，而不仅是写作方式。

不读文言

题中的"文言",既是泛指,又特指《文言读本》。

二十世纪四十年代,开明书店请朱自清、吕叔湘、叶圣陶编辑了一套文言课本,题为《开明文言读本》。这几位都是通人,又甚少习气(桐城派的文章,一篇也没有选,不知算不算另一种习气),选文视野广,评释精当,本来很可推荐于今日的读书人的,只是这书多年没有再版,已不很容易买到。容易找到的,是三十年后,吕、叶二先生自它改编的《文言读本》,此时朱自清早已作古了。

《文言读本》较其前身,篇目减少了一些,而主旨仍旧。当《开明文言读本》出版时,语文教育中,语体已居上风,三位编者又都是支持白话的,所以在编辑例言中声明:

> 我们认为,作为一般人的表情达意的工具,文言已经逐渐让位给语体,而且这个转变不久即将完

成。因此，现代的青年若是还有学习文言的需要，那就只是因为有时候要阅读文言的书籍：或是为了理解过去的历史，或是为了欣赏过去的文学。写作文言的能力决不会再是一般人所必须具备的了。

本篇就着这几句话，说说文言阅读的事。什么人还要读文言呢？请注意前引文字中的"一般人"一词，是结合着"表情达意"和"写作"出现的，在《开明文言读本》的编者看来，普通人是不想，也不需要写文言的。吕、叶二先生改编《文言读本》时，又补充说明道："文言作为通用的书面语的时代已经一去不复返了。"如今，去《文言读本》的编辑出版，又是三十多年，"一般人"不但不写文言，也不怎么读文言了。

是啊，谁还要读文言呢？在我的印象中，除非有额外的兴趣，或职业需要，"一般人"对古人作品的接触，最多的是古诗词，除专门的选本外，还散布在各种读物中，甚至饭店的墙上，其次是古代的格言，因为经常引用，大家也是熟悉的，然后就是小说，大多是白话，而也有一些，如《三国演义》，有不少文言成分。我知道还有许多读者，喜欢读禅宗语录（其实那里面白话很多）、短小的笔记等，但说真的，有几个人会拿起一本《震川集》或《东华录》之类的书，津津有味地看呢？便是大学里的教授，除了专门研究古代的，或别有兴趣的，据我所知，也是不大看古书的。

头些年，颇兴将文言著作译成白话的风气。我曾对此不以为然，以为如此一译，平添出许多错误，风味也完全不同。现在我不那么想了，现在我想，这类译本的流行，不会没有道理。尽管是在如今，仍有许多人对过去的东西有兴趣，只是碍于文言难读，不得不放弃或转向译本。也不能责怪于中学里的文言教学，文言并非日常语言，在熟练之前，一旦不使用，自然很快忘掉。

传统是一种背景，硬要拉它到前台，立刻扭歪了。读文言的人越来越少，并不影响传统的延续，因为毕竟还有人在读，虽然少。这些人自会把影响传递开来，通过各种方式，到我们生活的细节中。或许有人有式微之叹，但那是自然的进程，强去干预，也没什么好结果。

吕叔湘提到的两种理由，"或是为了理解过去的历史，或是为了欣赏过去的文学"，仍然存在，只是需要的力气比过去大了。语体的文言的成分，比三十年前少多了，中学课本，程度也浅多了，再要读文言，而且要读懂，非下点功夫不可。比如"过去的文学"，白话小说与诗歌还好些，欣赏散文或赋体，就不是件容易事。如果是单纯为了欣赏，会有多少人觉得下那样的力气是值得的呢？

有个朋友戏言道，读竖排的古书，边看边点头，读横排的今书，边看边摇头。回想起来，读过那么多文言著作，知识固有增添，若单从乐趣方面，收获与付出，不成比例，实该摇头。也可能是这个原因，从不敢推荐别人读古书，怕就怕人家万一听信，读了半年，跑回来骂我耽误他的时间。有时被人问得狠了，也要先将丑话说在前面，读就读吧，后果自负。

还要说的是，《文言读本》现在看来，也是很好的课本。如有人愿意在中学的程度上再进一步，自然不妨用它作教材，只要后果自负。

不读世说

倒退十年，要我在《世说新语》和《颜氏家训》里选一种，推荐入"不读书目"，我怎么也不会选中《世说新语》。《颜氏家训》代表着健全的常识，可常识，那是人人都有的，且人人都自以为多得向外溢，摆上小摊，一毛钱一堆，也没人买哩；而《世说新语》，才是趣味和才智的荟萃，一批奇妙的人，过着奇妙的生活，每天说奇妙的话，要摆脱平庸的日常生活，还有更好的教材吗？一个人要是不看看《世说新语》，恐怕自己做了雅人，自己还不知道呢。

曾有个人，某大忽然想出一句俏皮话，跌足叹道，可惜今无《世说》，致令佳句不传。其实各代都有自己的故事，读读旧书，便知差不多每位传主，都有一两条出奇的言行，不过不要轻易相信古时候的奇人奇事果那么多，因为多少年来，士子一直在偷偷模仿魏晋人士的风度，连老成的人，也要找适当的时机，做一两件疯癫的事，好给自己的人生，添上色彩，令后代的读者，以为他有丰富的内心，不然怎么会偶尔露峥嵘呢？还有的人，平日积攒机锋，专等用在特别的场合，好令人人传诵，有的人没机会，或者说了不少机智言语，而没什么反响，心中难受，只好写下来，收在文集里，中古以后，格言体的文章，往往如此。

于是，我们都知道竹林七贤，慢慢地不大记得正始玄学了，我们记得雪夜访戴，慢慢地忘掉戴逵是大画家，又是位音乐家了。魏晋是心智史上少有的两个大时代之一，不过谁在乎，知道王衍的人比知道王弼的人多十倍呢？如果连佛学的译者和理论家，也变身为名士，如放鹤的林公、投门的深公，就不要怪一大批著作，藏在图书馆的角落，等候有人从旁边经过，带起一些风，好吹掉一点灰尘呢。

魏晋人的著作传下来的其实不少，但可推荐给普通读者的，竟意外地少。陶渊明的诗，很多人都读过，但选本里的常客，往往是"悠然见南山"之类，他的另一种心声、酒后面的忧思、诗后面的诗，肯听的人就很少。而陶渊明还不算以思考见长，他只是使用着那个时代的思考题，就把我们难住了。

和战国相比，魏晋人的运气差。战国人的话题，一直延续下来，成为古典的第二源，魏晋人的痛苦，最核心的部分，后世的士大夫一听就要掩耳，所以或变形或隐藏，给流放到传统的烟瘴之地。当然，今天的学者，完全能理解魏晋人的著作，读出他们的心事，但时过境迁，激荡人心的时机已经错过，死而复生，却来到一个和自己无涉的时代，只好留在玻璃屋里，供人参观了。

和后代不同，魏晋文章是小圈子文学，作者无意令其流布到阶层之外，所以难读。问一个受过很好教育的人，他对魏晋的了解，怕是和你我一样，先来自《三国演义》呢，再进一步，便是《世说新语》，再进一步，则是《文选》，——不，宋明以来，认真读《文选》的，已不很多了，不过也无妨，因为《文选》和《世说新语》一样，对那个时代，并不能给我们一个全面的印象，反会让我们以为那只是一批文学之士呢。

只从《世说新语》，我们无法知道嵇康临刑，为何如此泰然，无法明白他诗中说的"事与愿违"是什么意思，——但是，我们为什么要去关心近两千年前人的心事呢，何不拣好吃的吃，拣好看的看，一部《世说新语》，读起来又愉快又不累人，难道不该是首选？应该是的，不过若只为消遣，市面上有那么多文白如话的好作品，和它们相比，《世说新语》又算是艰涩的了，所以不妨猜想它的读者，是以之为缆车似的捷径，一览整个时代，又不需忍受爬山的劳苦。这给了我们一个读《世说新语》的理由，但同时也给了两个不读的理由，若要了解自己身边的事,还是当代的文章好,若要了解魏晋人,《世说新语》未必是最合适的入门。

然而读书人如同游山客,既厌烦了砥平的大路,又要对荆棘交错的小径皱眉,我们喜欢适当的宽度、适当的坡度,喜欢惊起的小鸟而不喜欢扑出的老虎,喜欢每五分钟有一处景观,每十分钟有一处供水,这样,我们在下山后,说到今天又去哪里哪里,才能拥有既行若无事又阅历十足、那种令人羡慕的口吻。

《世说新语》中,王孝伯说:"名士不必须奇才,但使常得无事,痛饮酒,熟读《离骚》,便可称名士。"后世名士,则连《离骚》也不须读,熟读《世说新语》,就差不多了。

一千多年里,《世说新语》是名士宝典、风雅秘籍。无论是在乡下读书,还是衙门里掌印,总要看看此书,找几句放言,时常挂在嘴边,寻几件趣事,每年做它几次,如此一来,铜气可消,俗骨可锻,就算不为名士,庶几雅人。

不读《二十四诗品》

对事物的认知，有若干途径。一块石头的颜色、滋味或气味、轻重、形状，都是性质，再进一步，可有物理学的描述、神学的解释，以及审美的观照。审美至今仍是件说不清道不明的事。羚羊面向草原伫立，是否会有与食欲无关的某种愉快？谁也不知道。但我们知道自己，会被星空的深远、河流的迅疾感动，我们喜欢规则的布列，厌恶毫无形式感的东西，这种附着于眼耳的能力，从何而来，对人类有何意义，尚无答案，我们只知自己本性如此。我们甚至创造了艺术，一代又一代，造出无数的绘画或诗歌，或精妙或劣等，既不是用具，也不是知识，却诱使人们拿食物去交换。渐渐地，我们甚至分不开欣赏与对欣赏的欣赏，用阅读代替旅行，用诗歌代表自然，至少也把它们混为一谈。

一个诗人在现场体会到的心情激荡，和我们阅读他的作品，比如《春江花月夜》，心里发生的感动，果真有同样的性质吗？很多人主张诗歌高于自然（在审美的意义上），这种比较，便是把两种经验，视为一物，只在心理的阶梯上有所不同。中国的古典理论家也有如此的等式，但在方向上相反，在他们来看，自然之物的美在观照之前就存在，甚至，一棵树木，是有能力自我欣赏的。对诗人来说，这有点令人气沮，因为他的工作，只是导游，至多是讨厌的代言人，——之所以说"讨厌"，因为按照这种理论，物体的完朴，每经一次描述，就损失若干，所以不言才是最好的言，而诗歌不过是津梁，用开门的方式，来关上那道门。

正如当代的文学理论，让作家比原先更加迷惑，中国古典文论，会让诗歌的读者，不相信自己的眼睛。我们从中学会一些范畴，比如"清奇"或"冲淡"，很妙的词，如果用得恰到好处，会令旁边的人对你的修养由衷佩服，但是，这类的范畴，到底是深刻的，还是肤浅的，是关键还是皮毛，谁又说得清？正如我们说一个人"热情"，这评论背后可以是五分钟的体验，也可以是半生的交流；它是非常好的说明，然而，我们如果去填表，从姓名到履历，从性别到住址，得写满一大张，才勉强告诉别人你是谁。"热情"甚至不像"善良"，后者至少意指某些可指望的品质，而如果举着"善良"的牌子，不足让一个人登机，"热情"就更不能打动可敬的机场官员了。

前面的"清奇"和"冲淡",是从《二十四诗品》中选的。《二十四诗品》过去一直被认为是唐代诗人司空图的作品,从近十多年学者的研究来看,更可能是元明人的创作,伪托在司空图名下。真伪且不管,《二十四诗品》是讨论诗歌"气质"的专著,定义了若干性格,作为诗歌品鉴的高级指南。除了"清奇"和"冲淡",还有雄浑、纤秾、沉着、高古、典雅、洗练、劲健、绮丽、自然、含蓄、豪放、精神、缜密、疏野、委曲、实境、悲慨、形容、超诣、飘逸、旷达、流动,一至二十四种,我全都写下来了,因为按我的经验,如果需要显得很有古典修养,熟悉这些词,很有帮助。

我们选一条来看一下,《二十四诗品》是如何定义诗歌的"品"的:

> 缜密——是有真迹,如不可知。意象欲生,造化已奇。水流花开,清露未晞。要路愈远,幽行为迟。语不欲犯,思不欲痴。犹春于绿,明月雪时。

这说的是诗歌吗?是的。风格本来就是很难形容的。如果我们还记得,魏晋时代品评人物,也常用类似的描述,而我国文学批评体系的建立,又恰是在那个时代,就不难理解古典理论家是如何的不信任概念,只要有可能，就以物喻物。

依赖分析，还是依赖体会，这本来不该成为问题，如果它们没被挑唆得打起架来。现代人可能觉得，还是分析更可靠些，也更可发展；不过，现代人也承认，分析是很累人的，体会则轻松，分析需要积累，有时还会跑掉，而体会，总是现成的。要让分析和体会各司其职，现代也难，因为双方都喜欢过界，或者是去分析那不可分析的，或者是伸出舌头去舔一张画，——如果真能舔出"品"来，那将是非常、非常独特的审美经验。

不读《古文观止》

明代，选家特别多，当时的人，以为是极盛了，没想到清代的选家比明代还多，没想到当代的选家比清代还多。且说清人编的文选，有两本声势最赫，一是康熙让徐乾学编的《古文渊鉴》，一是代表桐城派主张的《古文辞类纂》。但流传最广的，既不是官方教材，也不是文豪的选本，而是两个村塾编的《古文观止》。

吴楚材、吴调侯教书教得高兴，把课业编辑起来，竟成比肩《文选》《唐诗三百首》的畅销书。命名为观止，但从他们在《自序》里说的话看，二人并没有什么狂妄的念头。实际上，《古文观止》的流行，一大原因是选心的随和，连骈文也选了几篇，不像前后一些选本那么壁垒森严。

"古文"有多种意思，作为文体的古文，是唐代叫起来的，实际上，就是散文。以前的散文，只是实用的文体，六朝前后发生了文学的自觉性，那第一批为文章而文章的作者，写的是骈体文。骈文虽好，要经过艰苦的练习才写得出，谋生不暇的寒士们，哪有那种从容呢？唐代的古文运动，把写散文升为专门的技艺，文人自此多矣。且有不止于技艺的地方，按韩愈等人的说法，写古文，还有裨于世道人心呢。

既然古文就是散文，一种茹尔丹先生说了四十多年的、人人都能写一点的东西，为什么唐代有古文运动，宋代也有，明代有前后七子的复古，各自大张旗鼓，好像不如此则散文亡呢？原因很多，其中之一是争夺论坛的领导权。所以古文运动的第一件事是找对手，先前的对手是骈文，后来的对手是时文。然而，有讽刺意味的是，时文，或后来之八股文，正是唐宋古文的衍生品。要将一点点意思敷演成一大篇，中间的技巧，总结起来，就是八股。孔子曾说："三人行，必有我师焉。"著名的《师说》，几乎就是以此为题写成的八股文。

名文、名言是那种我们无力旁观的事。换个环境比较一下。孔子那句话，有理雅各的英译：

> When I walk along with two others, they may serve me as my teachers.

韩愈《师说》里的名言，"弟子不必不如师，师不必贤于弟子"，罗经国先生的英译是：

A student is not necessarily inferior to his teacher, nor dose a teacher necessarily be more virtuous and talented than his student.

一比，原形就露出来了。韩愈的文章，大抵如此，但以他为代表的（狭义的）古文，修辞是非常出色的。今天的学生，当然最好能多读一点老祖宗的文章，但教师应当讲明唐宋古文的长短，该学的是古人的修辞本领，至于逻辑严密，那是古文所短，只能向别处训练。还以《师说》为例，"师"的定义混乱了好几次，在韩愈以为无所谓，今天的学生却不可不察。

古代的好文章，在史部、子部的多，在集部的少。修养好的文人，写起传记、政论之类，往往非常非常好，同一个人，要"做文章"，写一篇"古文"，公诸同好，传诸后世，就要苦心经营，描眉画眼起来。——文章是应该经营的，叵惜古文运动的趣味，和八股实在相去不远。

二吴选的是古文，但他们没有办法不受时文的影响。《左传》本是事多话少的史书，《古文观止》从《左传》里选了三十多篇文章，算是推崇至极了，选的却几乎都是议论，这便有应试文字的影子在后面了。八股如酒，越醉越要喝，越要声称自己没喝酒。如当今的作文教学，若说骨子里仍是八股，教育部一千个不答应，人民教师一万个不答应，若说不是，那又是什么呢？

《古文观止》本是初学者很好的读本，它的毛病，是有一点八股气。八股并非一无是处，里边的组织技巧，有高明处。假如时下文章，缺少那种训练，我一定全力推荐《古文观止》，可惜，八股恰恰是今天过剩的东西。又《古文观止》的精神，是非礼勿视，比如它不选诸子书，因为庄墨荀韩这批人，不合正道，记了他们的主张，一不小心，流出到应试文章里，就要倒霉。而在今天，这就显得单调了。

古代文章，中学课本里有好多，质和量，对中学生来说都足够了。最好的办法是当作口耳记诵之学，大声念熟。千万不要想里边有什么微言大义。那是没有的。再进一步，更好的选本，代表一种经典风格的，有王伯祥先生的《史记选》，网罗众美的，有王力先生主编的《古代汉语》。特别是后者，比《古文观止》好得太多，可惜不那么流行。

不读西游

我知道为什么古时候文盲多，识字的少，——如果没什么有趣的读物，识字又有什么用呢？我国的古代著作，确实有很多好道理、很多好故事，无论是在道德上、哲学上，或是实用方面，无论是对世道还是人心，都大有裨益；甚至还有些让人微笑的文字，但要想找到一种让人捧腹大笑、笑得打滚、笑出眼泪的作品——我找过，门儿也没有，究其原因，或者是好玩的人都不著书立说，或者是写文章的人本来也好玩，但一拿起笔来，他的那些有趣的品质立刻被压制住了，换上哀哀欲绝的、大义凛然的，或深谋远虑的，反正是专门和有趣对着干的性情，偶尔开一点玩笑，也像是在葬礼上试图说几句轻松的话，我们这些听众，把嘴角捧场地翘起来，心中却是悲痛万分。我现在十分确信，古人大多不肯识字，就是对这种情形的抗议。

找到一本有趣的书，已实不易，找到之后，仍不易安安静静地享受。无趣之人自古就结成秘密的军队，专门破坏别人的好心情，不惜耗时花钱，写下一本本沉闷的大部头，以把有意思的书从架上挤开，还潜藏在各种地方，侦察人们的笑容，来制止快乐这种罪恶。他们经常埋伏的一个地方，是书籍的前几页，——是的，敬爱的读者，您想必也和我一样，屡次遭受这样的伏击，满怀希望地打开一本书，先读到的，却是长达几十页的前言之类，等我们把它读完，精神和身体都下垂了，心里沉甸甸的；本来是想跳到欢乐的马背上驰骋一番，结果变成了驮夫，要给——据说是——自己的精神，运输一大批救济品。这类前言，把我们对作品的理解，限制在一两种之内，同样糟糕的，是他们预测到我们有可能因作品的哪些内容、哪种品质，而发生趣味，便防患未然，把所有这些所在，用各种大义，统统闷死，使我们一旦读到该处，心中涌起的不是欢乐，而是沉痛了。在这个前言盛行的时代（想一想，他们为什么不肯放到正文后面呢？），一本书还能有那么多读者，只能说我们的快乐是如此匮乏，从而如此渴望，连书本子这种笑容的荒漠，都要去里面找上一找。

发了这些牢骚，是因为我为了写这篇文章，特地买了一本新版的《西游记》——好多年没读《西游记》了，这次翻开，迎面便是一篇愁云弥望的前言，读了一会儿，我把书从窗口扔了出去，心中暗暗希望能砸中刚刚送书来的小伙子。这是我小时候读过的《西游记》吗？我差点纵容心中的一种邪恶念头，便是把自己的不幸，让更多的人分担，办法是在这篇文章中，仔仔细细地介绍《西游记》和吴承恩的前后来去，或大讲猪八戒这一角色的种种深意。最后还是我的善良天性占了上风，决心一个人把恚怒和绝望承担下来。我本又打算介绍自梓行以来，数不清的人士，一直在解释《西游记》，所谓解释，就是把他们自己的愚蠢，夹在每页之间，用他们自己的沉闷，把我们的笑容，像皮一样从脸上撕下来，我打算狠狠地嘲笑他们一番，不过我立刻想明白了，为了不帮这些恶人传名，我才不要提他们的名字，不引用他们的唠叨，而只需笼统地说一句，那些都是胡说八道。

《西游记》不是伟大的作品，它最重要的品质仅是童心和戏谑——恰恰是人们最缺的东西。它属于那类作品，那类你一生中可以读三遍的书，第一遍在童年读，可以让你想象得眼睛发亮，或咯咯地笑；第三遍是在老年读，边读边回忆童年，不自知地有了些笑容；至于第二遍，在中年读，是读不出什么趣味的，但也非无意义，因为可以让我们知道现在的自己到底有多么乏味。

会不会有人奇怪，《西游记》以及另外两部有名的书，《水浒》和《三国演义》，都缺少女性读者呢？女性读者或厌恶《水浒》的粗鲁、《三国演义》的争斗，但为什么不爱看《西游记》呢？也许是她们有自己的游戏，和男性不同而已，或竟如恶毒的门肯所断定，她们比男性聪明许多。我们在泥涂上挣扎的时候，她们早就到达前面，一边闲聊，一边在等着我们了。

不读三国

《三国演义》是好小说吗？是的。是伟大的小说吗？那要看怎么定义"伟大"。如果认为巨大的、影响多人的便是伟大的，如果认为受人膜拜的就是伟大的，如果认为令人自觉其卑微的就是伟大的，那么，《三国演义》当在伟大之列。如果认为个人的、带有精神性的才是伟大的，如果认为超乎日常经验、难以捉摸其始末的，是崭新的创造而非渺小之累积的，才是伟大的，那么，金字塔也没什么不得了，长城比不上黄道婆的一台纺车，而《三国演义》也只是一部好小说而已。

但确确实实，在古典小说里，若论曾经影响人心之深，哪一本也比不上《三国演义》。不妨想象一下古代社会里的普通人，那些不认识字、没机会读史书的大多数人，他们如何形成历史观，在他们的理解中，国家是怎么回事，政治是怎么回事，九州谁设，四疆谁辟，为什么自己要缴赋税，为什么官员会乘马，什么样的人是英雄，如何辨认出自己的救星……一个人自幼及老生活在村庄里，但也能谈古论今，对多种公共事务都有一套看法。那么，这些看法是怎么来的呢？一大来源便是听故事，从说书人，从戏文，或直接或辗转，积累起自己对政治事务的知识。讲三国故事，至少在唐代就有，到后来集撰成书，一千年里，众多的故事中，只有它，当得上是全民的历史教科书。

人们从这本教科书里学到了什么呢？语云，看三国掉眼泪，替古人伤心。苏东坡记当时的里巷小儿，听书听到曹操战败，就很高兴，听到刘备战败，就会哭泣，"以是知君子小人之泽，百世不斩"。是啊，在《三国演义》的世界里，君子之泽，确乎百世不斩，因为人民受君子的教育那么多年，已经打心眼里爱戴他们，一听说上大人走了麦城，没几个不眼泪汪汪的。曹刘争天下打破头，千年后的听书人意见相左，也有打破头的，据说还有出人命的，而永远想不到问自己一句，这些事，和我有什么关系吗？

关系似乎也是有的，帝制下人民的最大愿望，就是找个好主子，而刘备据说是仁厚长者（这个说法，竟然有读书人也相信），非好主子而何？若干后选主子打仗，对汉末人民来说，是极倒霉的事，因为或者被征去当兵，或者被当兵的抄掠，都是容易致死的事。不过这些感受，不容易流传，容易流传的是英雄事迹，令千年后的人民赞叹不已。明代李贽说人们之喜欢三国，是因为热闹好看。自古以来改朝换代，递兴倏废，就是打仗也短暂，不过瘾，而三国时代：

> 智足相衡，力足相抗，一时英雄云兴，豪杰林集，皆足当一面，敌万夫，机权往来，变化若神，真宇内一大棋局。……宜志士览古乐观而忘倦也。

有志之士乐观而忘倦，可以理解，身为刍狗、胸无大志的百姓，同样津津乐道，想一想亦可理解。人民需要英雄，只不过常常不知道需要的是哪一类英雄。三国时代英雄确曾辈出，但未必是《三国演义》中人，当然，这是现代人的看法了，古人并不这么看，有志之士觉得过瘾，大家也跟着觉得过瘾。当然，有人也藏点私心，以为看看三国，可以学些大人之术，甚至有俗话讲，老不读三国，果真以为看了三国，会格外老奸巨猾，这都是太天真了，一旦做了愚民，长点小心眼，又有何补呢？

《三国演义》的宗旨是扶持纲常。当年孔子作《春秋》，据说乱臣贼子惧。三国的作者，也是圣人之徒，演义者，本来就是推衍经义。他编写三国故事，如某篇序文里说的，要让天下百姓皆知"正统必当扶，窃位必当诛，忠孝节义必当师，奸贪谀佞必当去；是是非非，了然于心目之下"。听起来也很不错，可惜社会里自然成长起来的伦理，和强加的伦理，通常混在一起，而功用绝不一致。《三国演义》的老读者，皆知纲常、明礼义，也没见到他们能给自己挣一条出路。

我们现在通常读的版本，是毛宗岗和他的父亲修订过的。毛宗岗是清初的一个腐儒，却误会自己的腐气为慷慨激昂之气。他曾论《三国演义》的十几项妙处，我常建议想看三国的人，先看看毛氏这半篇文字，如果看了不笑，那不妨去看三国，因为此时他读不读三国，已经无所谓了。

不读水浒

清人禁《水浒》,说它诲盗。今天的人批评《水浒》,说它宣扬"暴力美学",——这个词我不懂,但写下来有自我提升的感觉。

中间还有一段,《水浒》在市面上见不到,那是受"封资修"的牵连,和别的毒草一起,封存在温室里了,免得欣赏水平在地师级之下的我辈不小心看坏了肚子。实际上,在"封"字号的毒草里,《水浒》是第一个解禁的,时间是在一九七五年,我那时还在上小学,如获至宝,批判地看了两三遍,也没有觉得怎么暴力。比如,那时的小孩子玩"打仗",根本就没有模仿梁山人物的,他们连枪都没有,太狗熊;我们玩起来,至少得有杨育才、小炉匠的装备。

说起来,要禁一本书,或任何什么,只要你怀着以天下为己任之心,关心别人的脑子甚于关心自己的,没有找不到理由的,——如果一本书,没有一点把柄,可以让我们想象有人读了之后,会有坏的想法,结果把自己吓得跳起来，恨不得连夜上书，请禁流布，这样一本书，用不着禁，一本也卖不掉。当然，有的书，给我这样有想象力的简单头脑，提供恐怖材料，是比别的书多一些，——我今天本来是想写《不读〈小雅〉》的，因为我发现，雅诗里的怪话特别多，比如"君子信盗，乱是用暴"，这叫什么话，怎么可以不删？还有一批，是容易误解的，如"民之讹言，宁莫之惩"，原意勉强过得去，但在新解层出不穷的今天，谁能保证不会有人说是对讹言可以宽容？所以它也是当删的，至少改成"民之讹言，判他十年"之类。

但最后还是写《水浒》，不写《小雅》了，因为《诗经》的读者，得罪不起，——可见《水浒》的读者，未必暴力。《水浒》是本童话，爱看童话的人，在我的印象中，性格总要好一些，脸上的微笑也多于晦气。什么李逵李达，就是逗个乐子，明代有个人评论说李逵不该杀罗真人，另一个说，"此言真如放屁"，"天下文章以趣为第一，既是趣了，何必实有其事"。我记得小时候听的童话，结局不外乎是谁把谁吃了，或谁把谁打死了，但那时的幼儿园，也没有因此成为战场，——战场是有的，是在早把童话忘得干净的成年人中间。

我并不是说《水浒》不暴力，《水浒》里有很多暴力，不同的暴力，有林教头风雪山神庙，也有石秀大闹翠屏山，都是不应该的。石秀纯粹是多管闲事，特别是在今天看来。这样的人不去做领导，拿把刀子在街上横行，难怪古人评论《水浒》之所作，是遗贤在野，因为不遇而愤激。至于林冲，功亏一篑，自毁功德。我们可以想象，再多忍一口气——好吧，也许两口——没准儿就峰回路转，别人不都是这么过来的嘛，再说你也没给烧死，用得着丧失对程序正义的信心？人常说暴力是最后手段，其实忍耐才是，毕竟八十万禁军教头，天下没有几个。

《水浒》的问题，是把暴力写成漫画了。一句"杀出条血路"，掩藏了多少细节，其间多少人伤了，如何之痛，多少人死了，如何之不知道痛，全都没写。哪天我想杀个鸡什么的，《水浒》并不能提供神经的训练；它提供的是另一种，使我可以轻易地说出"把它灭了"之类的话，只要去"灭"的不是我，被灭的更不是。说话不走脑子，是人生四大境界之一，多看点《水浒》，还是有用的。

但我今天说的是"不读《水浒》"，为什么呢？因为它把武松写得甚高，而我极不喜欢这个人。看他做的事！第一是打死个野生动物，以后逢人就吹，然后在县里管治安，然后干涉婚姻，然后给人做打手，然后披着宗教的外衣，然后到处杀人，还抽烟喝酒。有一件是好事吗？

而且他在书中关涉甚广，删也难删，改也难改，还一直活到最后。他最多，也只好算个雇佣打手，而这样的人，在城郊的某个市场上成群结队，晃来晃去的，有的是呢，一百块钱，再发根棒子，就雇他一天，哪里用得着什么武松。

不读红楼

题目照例危言耸听，其实我对《红楼梦》并无很大意见，也领教过它的魔力。念中学时，班里有个同学，上课时愁眉不展，以手拄颐，眼望虚空，老师询问，答以"晴雯病了"。艺术家的工作，就是创造一个结构，使人的经验，有第二种容身之地；做得好的，这新天地的活性，不亚于围绕你我的真实世界，为之掉掉眼泪，正是我们追求的阅读体验。

但《红楼梦》是一回事，红学是另一回事，红学是一回事，红学中的索隐派是另一回事，——不过既然红学能容纳索隐派，且索隐派之外，也不乏各种奇谈怪论（我昨天刚见到的一篇论文题目，叫《〈冷月葬诗魂〉与多弦理论》），本着行文简便、一棒子打死的精神，以下不做区别。

中国大大小小的红学会，总得有几千个吧。从某一方面说，我们应该感谢红学会，正如我们要感谢UFO协会、美人鱼服饰学会、兔子红眼根治小组等等一样。社会没有权力干涉一个人的旨趣,那么,对心灵特异之士,最好的办法就是吸收到一起,有个组织,便于管理,也免得到街上闹事。

略微有点麻烦的是,红学对社会日常生活的入侵,走得有一点远。比如红学家同时又各自是公认的美学家、文学家、历史学家、学者、教授、爱国者、好丈夫,那么,这些正常的身份,就有点儿不清不楚,别的人再以什么家或什么者自居,一想到沾了光,脸或要有些"红"。红学,包括曹学、秦学,和正在建立的"姥学",既为人生哲理之总括、宇宙运行之枢机,已非"学术"二字所可范围,不妨另起高门大户,把"学"字赏给你我平庸之辈混口饭吃。

在需要专业知识才能自定其是非的许多问题上,我们都在接受主流行家的意见。古代的哲人说大地是中心,我们便取这意见,今天的科学家说地球不过是太空中的一个流浪汉,我们也取这意见,这并无问题,问题在于一个社会,什么样的东西成为主流,或接近主流。各种意见都有表达的权利,但何种意见占上风,却构成重大的区别。比如在二十一世纪,仍有人主张宇宙的密码是写在文学作品里的,并无什么不好,且很有趣,但假如相当多的人同意这意见,就有点异样了。

《堂吉诃德》的主角,坚信骑士小说里那个世界更加真实，如果他遇到的事情，和小说里的形容不符，他宁可不相信眼睛。吉诃德先生是小说的读者，但他本人也是小说中的角色，而我们又是《堂吉诃德》的读者，假如有人把这些全部混为一谈，那一定能创造相当的混乱。在我接触的人里，相信《红楼梦》不是简单的小说的，比能想象的要多很多。有太多的人，认为这本小说，其实是推背图，是史书，甚至超越了记录，成为被记录的某种实在之物，这些最可骇怪的议论，出自各种受过良好教育、衣着得体的成功人士之口，很难不令人去想：我们的教育真是失败呀。

现代教育的要义，于传授知识之外，还要训练学生掌握辨别真伪是非的一套基本程序。对个人经验之外的多数问题，我们只有听别人的，但通过观察他建立主张的方法，我们能决定自己的立场，我们不知道他心里藏着什么，但假如一个人说"我是个慈善家，所以当我说地心是一个大燕窝时，你最好相信我"，我们不该同意他，因为他的方法有问题。

常识和通常说的知识有不同的意义，常识不仅是一套合用的知识，还代表一种日用理性，完全有可能的是，一个人学富五车，却极端缺少常识，那是因为他少一种核查程序，而那是决定了谁是大肚汉、谁是美食家的。

有一位红学家，提出曹雪芹其人并不是作者，而是抄手，理由是"曹雪芹者，'抄书勤'也"，——很独特的观点，放在饭桌上谈谈，还是有趣的。红学中好多主张，看着不像这一条这么奇怪，而骨子里比它奇怪一百倍，而且那几种最广为人接受的主张，其实是最奇怪的，是对当代教育的最大嘲笑。

"最大"有点夸张了。窗上漏了那么大的洞，进来的不会只有红学。比红学更背离常识，而且大行其道的，还多着呢。有时听那些衣冠楚楚之士胡言乱语，看那些善良的人们点头称是，难免要想，这就是我们，发明了显微镜和电冰箱、把飞船送上太空的晚期直立人？

不读《儒林外史》

时代变化快呀，吴敬梓这类人的精神祖先，操心的只是精神，至多是性命问题，像他喜欢的嵇阮们，都是社会上的贵族，生计云云，不用费心，阮籍有时哭哭穷，其实他就是什么也不做，也有酒喝的，等到吴敬梓或杜少卿的时候，"南京这地方，是可以饿得死人的"，于是小姐的身子丫鬟命，高明如虞博士，也得每年谋几两俸金，挣下三十担米的一块田，犹不敢去，还要"多则做三年，少则做两年，再积些俸银，添得二十担米，每年养着我夫妻两个不得饿死"。

当代英语里的 loser 一词，译成汉语的失败者，太生硬，那么译成什么呢？不中用之人？笨蛋？废物？废物点心？反正，一部《儒林外史》，就是 loser 之歌，它里面的好人，都是混得不好的，混得好的，在作者笔下，无非鄙吝之徒。作为读者，我们很难同意吴敬梓的这种牢骚，第一，那样会显得我们也是 loser；第二，我们都是工作者，而工作的定义，就是可以出售，出售了就可过活，可以买棉帽子、买炸糕等各种好东西。这是天经地义的事，我们可不想为一本小说叛教。

《儒林外史》写的是士子、文人，那时候的知识分子。不过这本书对"知识圈儿"以外的人，也不客气，书里写过三十来个乡民、二十几个买卖人、十个差役、十六个奴仆，还有三个看阴阳的、五个大夫、八个和尚、四个尼姑，——除一二人外，也都不是什么好嘴脸。吴敬梓搭建的书中社会，简单地说，就是所治愈下，得车愈多，他把自己和友人的不幸，归咎于世风日下。那也是中国最古典的牢骚了。

《儒林外史》里的文人有几类，一类是作者的理想人物，如杜少卿、虞博士、迟衡山、余二先生，这些人有操守，还多少有些才学，前者使他们混得不好，后者使他们不至于饿肚子。第二类是混功名而人品见识又很差的，像高翰林、匡超人这样的。第三类是什么也没有，向雅人处说雅，向俗人处吃俗，艰难地混在外围的小文人，如季苇萧、季恬逸之辈。

还有一种人，醉心功名然而为人极好，如著名的马二先生。这个角色的原型是冯祚泰，和作者是朋友。《儒林外史》写马二，下笔是很温柔的，同对杜慎卿的贬抑相对读，可以发现，在吴敬梓的价值表里，道德比才学重要很多。所以他对第四类文人，也就是欺世盗名者，态度最严厉，如小说里的权勿用（据说原型是康雍乾时代的假道学、假名士是镜）。

接下来的问题是，吴敬梓以及他书中的理想文人，所坚守的东西到底是什么？是文化中的传统？还是道德中的传统？书里面，迟衡山说："讲学问的只讲学问，不必问功名；讲功名的只讲功名，不必问学问。"说得不错，但如果学问、功名都不讲呢？实际上，书中那些粪土功名的正面角色，除一二子外，并不讲究学问，诗文也不一定好，那么，这批士子的本色在什么地方呢？如果说只是某种道德价值的看守，那么，非得吟诗弄文做文人才合格吗？

这个问题等于是，古典文人，在清代中期，剥掉一两层皮毛后，核心在什么地方。鲁迅曾说："《儒林外史》作者的手段何尝在罗贯中下，然而留学生漫天塞地以来，这部书就好像不永久，也不伟大了。"鲁迅的意思，似乎是以为《儒林外史》是为旧文人做的，那时是二十世纪三十年代，大家兴头正浓，难怪他有此议论。如果他老人家活到今天，也许他会进一步说，这本书，盛世的人还是不要读了吧，读也读不懂。

每个社会、每个阶层都有失意者，伟大的《儒林外史》，讲了一群失意者的故事。在证明这些人如何了不起上，《儒林外史》的说服力是不够的，但小说告诉我们，他们怎样活下去，怎样把幻想维持下去，其中那惨淡的信心，是除了《红楼梦》的读者之外，任何人都需要看到的，即使是在别人身上。小说最后一个人物是荆元，是个裁缝，喜欢弹琴，在小说的结尾，他弹给一个老友听（那人也是个市井中人），弹完后，"当下也就别过了"。——我相信任何当代人都不愿意沦落到这种田地，但能够想象在什么地方有这种人，且能想象他们没有饿死，多少令人欣慰。

不读《考工记》

民间技艺自有流传。古代的典籍,鲜有对工艺的记录,然而一代代的中国人,仍然会造酒、制车、种田。只是,若没有知识丰富的人参加,工艺的改进必然缓慢,而且无法产生科学。当然,这是另外一个话题了。

古代写工艺的书,少之又少,所以每一本都珍贵。最珍贵的一本,是大约成书于战国时期的《考工记》。《考工记》是工艺大全,怎么造车,怎么做食器、兵器,小到编筐,大到营建城邑、挖沟筑防,虽未必详细,却样样法度清楚。既有能力著述又通工匠之事的人,古代是极少的,前人或说这本书便成于这种人之手。但书的内容如此丰富,怎么能有那样的百事通呢?所以更可能是士人访问各行的工匠,记录成书。

读书人能有这样的心思,不论是出于私意还是官命,在当时算了不起。只是陆续润饰,有些东西难免走样。比如《考工记》说车轮要用三十根辐条,取日月之数,这就是儒生的一己之意了。考古所得周秦古车,极少见三十辐的，大多数是二十几根辐条。老子虽也说过"三十辐共一毂"，但老子是哲学家，可以举其成数，不必对工艺负责。若是工匠自己来记，当不会想到要让工艺向哲学让步，非三十不可。

儒生为了整齐好看，以及合于他们的哲学，对这本书的加工不止一处。仍以车制为例，按现存《考工记》的定制，车毂的长度，要合于车轮（去掉接地的一圈）的半径。实际情况，是要比这个短一些的，不过如实写就麻烦，妨碍阅读愉快。

《考工记》对车制的记录最详细，也最难解。为它做注的汉代大儒郑玄，去《考工记》的时代不算很远，注解已错误百出。比如车毂两端金属套的大小，按郑玄的理解，粗的一端（"贤"），径八寸多，细的一端（"轵"），径四寸多，相差如此悬殊，世上哪有这样的车呢？郑玄"游学周秦之都，往来幽并兖豫之域"，一辈子不知坐了多少回车，何惜于凑近看一看，或者问一问制车匠呢？

这个问题留了下来，大家都觉得不妥当，又没有好的解释。清代通西学、重实证的戴震，不得不改字解经，又把铁箍的厚度也算进去，勉强让这理想之车能够运转，但毕竟不合经文。他的师弟程瑶田，则以为"贤""轵"说的是饰毂。清代对《考工记》研究最深，要属戴、程二位，仍说不清楚这件事，而从现在的考古所得来看，先秦车毂，两端的径差纵有，断不如书中所记那样悬殊。至于是记录或传抄错误，或"贤""轵"别有所解，就不知道了。

《考工记》流传中或有错误，但拥有这本书，是我们的幸运。有个成语，叫"辅车相依，唇亡齿寒"，其中的"辅"和"车"，旧训一直是解作颊骨和牙床（我记得我上中学时的课本，还这样解释）。直到清代的王引之，才正确地指出"辅"是加固车轮的额外辐条，所谓"夹辅"是也。《考工记》中没有讲到这种"辅"，它少说了一句，大家就糊涂了一千年。若无《考工记》，我们对先秦社会的知识、秦汉以前的技术史，要少掉一半篇章，古籍中许多名物，也更不可解了。

我们平时读书，是想不到《考工记》的，因为它又枯燥，又难读。另一本著名的《齐民要术》，也同样鲜有读者。古代对技术，没有设立专门的学科，也没有专门的知识系统，读者不会，会者不读，技术发展固然自有其进程，只是无法钻入读书人的法眼，成了地下的暗河。

戴震曾感慨，经书中有些地方，若无实际知识，是理解不了的。他举了些例子，如不懂天文，读不懂《尚书》；不知古音，读不通《诗经》；没有数学知识，也看不明白《考工记》。他说，对这些事，"儒者不宜忽置不讲"。但对古代的大多数读书人来说，除了"忽置不讲"，也没什么好法子，戴震自己若不是懂些西方历算，对《考工记》怕也只好忽置不讲了。

但戴震阴用西学而阳斥之，如他作的《勾股割圆记》，全用西法，只是把术语换成中国古词，便宣称三角学可以从勾股中推出，进而宣称此法古已有之，西学乃是从中国偷去的。戴震一直号召"不以人蔽己，不以己自蔽"，看来，不以人蔽己易，不以己自蔽难啊。

不读《尔雅》

《尔雅》成书于西汉，是中国最早的一部词典。和别的词典有一点不一样，《尔雅》是按词义和事类编排，把意思相同或相近的，放在一起来解释，比如全书的第一条是"初、哉、首、基、肇、祖、元、胎、俶、落、权舆，始也"，便是说这些词都表示起始的意思。还有一条是："殷殷、惸惸、忉忉、慱慱、钦钦、京京、忡忡、惙惙、炳炳、弈弈，忧也。"我们读了，未免要想，古人真是麻烦呀，形容担忧，要有这么多花样，我们当代人形容快乐，还没这许多词呢。

《尔雅》之后又有《广雅》，一本仿效《尔雅》的词书，三国时的张揖编撰的。《广雅》是对《尔雅》的扩充，收录的词很多。如表"取"义的动词，有"龛、岑、资、敁、采、掇、搴、撼、芼、集、摡、扱、摘、府、揽、捞、拚、稣、赖、擔、撩、探、担、收、敛、捕、汲、有、撤、挺、铦、扴、掩、窃、剥、剿、挦、捊"等，表示"举"的动词也有二十几个，表示"欺骗"的动词也是二十几个,表示"击"的词近六十个,如此等等,——这是干什么?为什么要这么细致?我们只用一个"搞",顶多再加个"弄"字,就什么都说了嘛。

我们会想,古人真是有点傻(顺便说一句,《广雅》中表示"痴"的词有十个,表示"愚"的词近二十个),连飞机也没坐过,却有三十三个字形容飞翔。他们对事物,抱着一种什么态度呢?为什么要给瓶子起几十种名字?平时咱们读点古文,最头疼的,就是意思相近,用词却花样百出,据说各自有微妙所在,但谁有耐心去体会?现在的颜色专家也掌握些古怪的名字,咱们则只需知道红黄蓝白黑,如需进一步形容,则可说"有点黑""很黑""贼黑",而《广雅》呢,表示"黑"的词有三十个,是不是因为他们心理阴暗呀?

语言,是越简单越好呢,还是相反?这个问题,没办法一律地回答。当年扫盲,曾编写十分简易的课本,学生有不高兴的,说:"我们只是不识字,又不是不会说话。"我们日常说话,可以有许多写也写不出来的方言词,一旦提笔,这些词不能用了,顿觉寒酸。如果有人提议把汉字减少到千字以内,复杂的句式一概禁止,大概会获得多数人的支持的,因为那样一来,大家就平等了。

这可能便是正在发生的事。我偶尔写点文章,发觉可用的词越来越少。一呢,是怪自己从小没好好学习,掌握的字词本来就少，后来天天向上，又忘掉一些词汇；二呢，是越来越多的词，被用得没法用了，比如一个挺不错的字眼儿，总有人不好好用它，今天给它涂点恶心，明天又把它拽到泥里拖一拖，一来二去，等轮到我使用时，它已经混带着许多不愉快的感觉，成了一个破词儿了。可用的词越来越少，正好省事，但我有点担心的，是语言和头脑，怕是一回事。我有一次摔到脑袋，半天有苦说不出，便是一种令人担忧的证据。

还有输入法。我也是用键盘写字的，输入一个字，后面有词的提示。谁也不愿意和自己过不去，不管心里怎么想，那些位置在前的词，总有更大的机会，跑到文本上。要知道，无数的人都在用同一种输入法呀。那些位置在前的词，不管多么好，几天后就变成了陈词滥调，更要命的，这是别人替我们选择的词，或者说，是我们彼此之间，共同造出的语言环境，我们再也不用费心于遣词造句了，我估计，再过些年，输入法候选框第二页往后的字词，就从我们的语言中消失了；当然，它们也可以继续赖在那里，但是，谁瞧它们呀。

还有别的。比如说微博。微博我还不会用，但它的性质，我是知道的。微博是好东西，它对语言的影响，大概也不得了。几十个字，还要大家来听，势必要追求响亮的表达。响亮，已经是当今语言的要义，你写的东西，如果不能在一秒钟内吸引别人的注意，就永远没机会了。所有那些微妙、暧昧、迂缓的表达，都要开除，只留下最直接、显豁、夸张、咄咄逼人的，就像赛跑，耽误事儿的一切，都放在筐里，只不过这一回，没人再回去取筐里的东西。

不读《内经》

对同时代的希波克拉底，柏拉图虽也表示仰慕，心里却不怎么佩服，因为在他看来，哲学家是一切知识王国的立法者，那些通过经历、观察、反复实验而来的知识，只是雕虫小技；世界上只有一个问题，那就是"终极因"问题，零碎的知识体系，只是它的推论。也就是说，我们需要的，只是一个好的起点，和一个好的逻辑，坐在家里，便能建造起可以无限庞大也可以无限精细的结构，世界万物，及其运行的原理，无不包纳，——万一有装不进去的，一定是那事物的错。

古典哲学家，都有这种整体论的气质，先搭一个容器，再来收纳万物，并分配给它们各自的属性。古希腊如此，古中国也如此。比如过去有六脏之说，肝心脾肺肾之外，还有头，但五行说入主医学之后，多出一脏，不好安置，看来看去，还是脑袋最没用，就把它去掉了。这五脏都搭配着各自的属性，为五方，为五色，为五臭，为五味，还有五声，比如您要是笑口常开，可能是心有问题，要是喜欢唱歌，多半脾有毛病。

现在人们讲医经之祖，为《黄帝内经》。需要说明的是，《内经》托名黄帝，但和黄帝没什么关系，——也不能说一点关系没有，黄帝神话，是战国人编出来的，《内经》中最早的篇章，也是战国时人写的。我们见到的《内经》，是一本论文集，定型成书，大概在东汉，收入的文章，有战国人写的，也有汉人写的，还有一部分内容，是后人掺入，成篇就更晚些。中医学理论，这本书是奠基之作，它建立的天人模型，在中医学里面，是无法撼动的。

《内经》分两大部分，一部分是《素问》，一部分是《灵枢》。其实，我们还可以把《内经》用另外的办法，分为两部分，一部分是经验医学，一部分是哲学。

《内经》提到，古人身体好，活到一百岁，其实，上古之人的平均寿命，至多在三四十岁。有了外伤内患，一点办法也没有，晚至殷商，国王武丁得了眼病，无术可治，只好去占卜，普通人则只能忍受痛苦。在成千上万年里，人们一点点积累起些药物知识，是多么的不容易，因为每一种药物的发现，几乎都是在绝望的驱使下，如非走投无路，谁会去尝试那些味道可怕的矿物和草茎呢？

经历了千辛万苦，古代经验医学终于小有规模，刚摆脱了巫师，又吸引来了哲学家。哲学家注意到医学的成就，迫不及待地赋予它一种理论。《内经》在后代的价值，和在汉代是不一样的；在后代，人们更重视它的理论，至于里边那些经验医学的内容，具体的针法和方剂，倒鲜见沿袭。而在当时，一本医书的价值，还在于它提供了多少治病的手段。马王堆出土的《五十二病方》《十一脉灸经》等，相比《内经》是更典型的时代医书。

我读《内经》，读到经验医学的内容，虽然不大懂，却很佩服，因为那是在两千年前呀；读到哲学的部分，特别是《素问》中那些大段的哲学讲义，只好皱眉，因为在这里看到的，是哲学对医学的入侵，先验对实证的干扰，冥想对观察的蔑视。鲁迅批评中医不讲解剖，一针见血，两千年里，中医学有了丰富的药物知识，也发展了诊断术，但解剖学知识的积累，无法恭维，——《内经》医学离人的生理有多远，后世医学就有多远，而实际上，在有些方面，是更远了，比如汉代医生讲的经脉，虽然未必尽合，却意指一种实际的循环系统，后人讲的经脉，其生理意义就大大地淡薄了。

解剖学之所以重要，因为它标志着是否采取实证的方法，是否分析，是否验证，是否对事物的实际面貌有兴趣。古代医学，在全世界的各个地方，包括中国、欧洲、印度，本质上相差不大，在这里面，中医学还是最发达的。而现代医学,实际上并不是从古代医学内部发展出来的,尽管它在解决同样的问题。在古典哲学压迫下的古典医学,早已没有了依靠自身的力量发展为一种实证知识体系的可能。

古时候的读书人,往往也给人治病。叉手谈脏象,并不太难,再背几个方子,便亦儒亦医了,稍下功夫,便可为名医如傅山。但归根到底,一个人有了病,是愿意找柏拉图,还是愿意找希波克拉底呢?是愿意找希波克拉底,还是愿意找盖伦呢?这不是用嘴投票的事。

不读茶经

这里说的茶经,并不特指陆羽《茶经》。陆羽《茶经》是务实的文章,可以与《齐民要术》对读的。《茶经》之后的古代茶书,流传下来的,大约百种,虽然说得悬乎一些,多数篇幅不大,再扣去散佚,一个人把这批书全读一遍,也用不了几天。我是很鼓励这种读书事业的,几天时间,就能成某一领域的专家,怎么想也划算。

"阔人已骑文化去,此地空余文化城。"小时候上学念书,有冠冕堂皇的说法,叫"学文化"。那时认得字,就是有文化,乡下干部常说的"那个妇女没文化",是在说她文盲,今天的门槛高了,干部再说这句话,不再是说她不识字,而是指她觉悟低,不理解乡镇发展观,连拆个房子也舍不得。现在大家都知道文化是好东西,你也要,我也要,与其打破头,不如学猪八戒,大家分了吧。中国人多,所以分得细,小区门口,有对夫妇,是卖臭豆腐干儿的,近日打出横幅,上书"复兴臭文化",我想向他们说,恭喜,您也分到了。臭文化之外,还有酒文化、水文化、卧文化、跪文化、饮食文化、厕所文化、打灯谜文化、踢毽子文化，你能想到的，别人早已想到了。

别忘了香喷喷的茶文化。有一次被绑去品尝普洱，在座的都是茶文化大师，其中一位，能喝出茶树的海拔，另一位，分辨出茶工用洋胰子洗过手，发脾气说："我一再告诉他们用皂角，用皂角。"轮到我时，只能支吾几声，不知所云。人家以为我深沉，连换三四样，最后急了，泡上压箱底的绝妙好茶，我只好如实赞美："这个最烫。"我的舌苔厚，喝不出许多妙处，但我对喝茶，敬重有加，而且一向支持雕琢生活的细节，赞美精致的趣味。

南北朝划江各立的时候，南方士族发展了一种"精致文化"，北人嘴里骂岛夷，心里还是嫉妒的，特别是隋唐时天下太平，该享受生活了，以前的堕落分子，都请来当老师。陆羽《茶经》，未尝不是给北人写的教科书，北人一见心折，原来喝树叶子有这许多讲究，南蛮子硬是要得哩。

茶工虽巧，奈少文化何，等文人爱上茶事，茶文化才有文化。那有点儿像一种竞赛，你说妙味，我说无上妙味，你讲究火，我就来说水，汤分贼魔，水别灵异，山泉如何，古井如何，高峡是什么样，长滩是什么样，南零第一，还是庐山第一，东坡之雨果胜于陶谷之雪乎？"无水不可与论茶也"，所以懂行的人"子问水，不问茶"，一听说你用的是自来水，立刻笑倒在地。

又如煮茶的燃料，如今用电，是不得已。《茶经》是提倡用炭的，诗人摇头笑道，陆鸿渐毕竟出身不高，博则博矣，不如我辈知雅啊。一种讲究，是用竹子来烧火，还要用绿竹、枯竹，单听名字，烧的不是竹木，竟是诗意。更讲究的，用鸟窝，特别是鹊巢。"鹊巢结空林，雏鸜响幽谷"，你去给摘下来，多不好意思，所以捡落下来的，所谓"烹茶拾堕巢"，落巢是少见的，但我估计，派孩子爬上树捅下，再捡起来，大概也算数。这也是没办法，《茶录》里说，煮茶不能用柴薪、烟煤、麸炭，还不能用恶木、弊器、木桶等，能点着的东西，可用的实在不多了。

荀子说："其为人也多暇日者，其出入不远矣。"我是特别反对这话的。想当年如果不是人类有了农业，使有人可以闲下来，哪里会有文明呢？社会里必须有闲人，琢磨一点和生计无关的闲事，比如造航天飞机，也比如喝茶。中国古代文化最发达的地方，其一便是发展了许多种精致的生活趣味，茶事乃其大端，还有更细致的，如养蛐蛐用的小罐，有人就可以玩一辈子呢。古代文人不唯手闲，而且心闲，若说读书写诗吧，就那些书，就那些诗意，写着写着就没了。清代的贤人，比起两千年前主张多识鸟兽草木之名的圣人，其知识，多不到哪里去。这么多聪明人，剩余的精力和智力，无处扩张，便向细节发展，用在斗酒喝茶上，也算个出路，至少比整天琢磨教导别人的生活强，自娱自乐，也算不给人民添麻烦吧。

何况暧昧能挡住空洞。什么也不懂，又要像大彻大悟，最好的办法是不落言筌，或者只云缠雾绕地说些"嗯嗯嗯"之类莫测其高深的话。我被问及茶事，总是嗯嗯嗯的，因为确实不懂。

不读马经

翻开《尔雅》，知古人是有恋物癖的。比如马，四蹄皆白的，四胫皆白的，前足白的，后足白的，前左足白的，前右足白的，后左足白的，后右足白的，尾巴根儿白的，尾巴尖儿白的，腿不白而身白的，身不白而脸白的……竟都有专门的名字，而这仅是种种分别中的一项。便是对据说更为可敬的天帝君亲师，也没见他们有如此耐心的描述。

著名的《齐民要术》，讲到相马，零乱然而有十分细致的地方，如旋毛在眼眶的不同位置，便意味着不同的寿命等等。中古讲马的书，颇见于著录，只是都失传了，所以《齐民要术》所载，足令我们叹为观止。直到马王堆帛书出土，里面有一篇《相马经》，我们才知道，战国秦汉间人，对马的观察，竟比后人还仔细。单是眼眶周围的四块肌肉，《相马经》都给起了专名，世界上还有比这更认真的事吗？

古人说起马的事来，津津乐道。吉如飞黄，神如铜精，武堪食虎，智可识途，更有诗颂臧才，易说乾德，其命田子方叹之，其貌颜子渊望之，辩则公孙龙申之成说，谏则晏平仲藉以动上，屈产之乘假道，鸡斯之乘赎人，免人于难者，不可胜数，亦有妨主如的卢，危国如汗血者焉。故爱之者衣以文绣，舍以华屋，席以露床，啖以枣脯，葬以大夫之礼，不爱之者食之沉之。

这么了不起的马，在商周王室，各有专门的官吏侍候（若按《西游记》，天上还有弼马温呢）。大人物死了，用马陪葬，后来又用铜马、瓷马。古代雕塑的最高成就，不是塑人，而是塑马，您说古人有多么喜欢马？

这种对马的迷恋，若凭空推想其原因，并不为难；以其易知，乃知其必有不对劲儿的地方，且不值得特意表出。单说古人对马这庞大的动物，既有服驭的得意，又心存敬重，对它的观察，也较对别种低劣的畜生，细密好几倍。在阴山岩画中，一个常见的主题是人骑在马背上，十分简单，画了又画，大约是见这么大的家伙任由驱使，心里实在得意，而且以为是值得纪念的事。

想起来，人对马持的是双重态度：一方面，敬它重它，唱它画它，宠爱它打扮它；另一方面，骑它乘它，用鞭子抽它，拿脚踢它。不过这双重态度，正是文明的标志。对什么我们不是这样呢？顾恺之《洛神赋图》里的马，在鞍鞯下怡然自得，——辩者或说，谁见了神女，不愿意为牛马走呀？但恐怕画家不是这么想的；赞美野性，是后代人的精神奢侈品，最早有名有姓的画马大家，并不以为马的地位有什么疑问。在阎立本、张萱等画家笔下，马都是仪仗化的，侍卫气质的，汰尽了山野之性。

说到画马，同样在唐代，也有对马的个别观察，比如广为人知的韩幹的作品，还有五代胡瓌的《回猎图》，里面有一只马屁股，实在画得精细，让人见了无不想拍上一拍。宋代李公麟画的马，很是安详，有一种宋式的心安理得，又好像画家对马说，请你摆个姿势，那马便摆个姿势。李公麟自己花过很长时间看马，还临过韦偃的《牧放图》（唐代还有一幅无名氏的《百马图》，马的姿态更多），来学习前人对马的观察。这些画家的共同点是，先看马，后画马。李公麟是讲究立意的，但他毕竟不曾让肚皮里的观念压倒艺术家的天职。后来的文人画家中，会画马的比会骑马的还多，程式画法之外，真实的马什么样子，大概心里模糊得很，所以要写意，那和实际的马，自然是风马牛不相及了。

《相马经》揭开帷布的一个小角，使我们知道自己的祖先曾经那么认真地格物致知。翻翻各代的艺文志，便知记载实际知识的书，最容易亡佚，空言欺世的，倒世代流传。鲁迅曾气愤愤地说："做《内经》的不知道究竟是谁。对于人的肌肉，他确是看过，但似乎单是剥了皮，略略一观，没有细考校，所以乱成一片，说是凡有肌肉都发源于手指和足趾。宋的《洗冤录》说人骨，竟至于谓男女骨数不同。"其实《内经》时代，人们还是求知的，懒惰的是后人，不肯将知识积累上去。如此说来，一篇《相马经》，还不如长埋地下，没的挖出来，让我们惭愧。

不读酒诫

我国风俗最奇怪处之一，是以酗酒为美德，温克为无趣。波德莱尔说的"长醉不醒是唯一出路"，本是惊世骇俗之言，放在咱们这儿，便成家常的意见。喝到烂醉如泥，不以为耻，反矜矜自喜，到处说上好几年，当作自己的英雄事；自己喝也罢了，还要劝别人喝，人家拒绝这无理且无礼的要求，他还不高兴。最讲不通的，是夸耀酒量，好像在昏迷之前喝下更多的酒，是造福人类的事。

凡是与常识有违，又蔚然成风的事，都得向上找源头。喝酒的这种作风，始作俑是两晋的文人，唐代诗人把它发扬光大，使成社会的习俗。古代的文人，标榜自己喝酒，如同标榜自己有才情，要是一点也喝不了，别人就怀疑他是个无趣之人。写过《浊醪有妙理赋》的苏轼，生来不能喝酒，他觉得这是少了一样雅韵，便以勤补拙，天天把盏练习，比填词练字还要用功，果然天道酬勤，到了六十岁，他已能喝下五盏酒，当然，不是一顿，是在一天里累积。

也有反对喝酒的。从《尚书》中的《酒诰》开始，就有正人君子，看这些横七竖八的醉汉，心里难过，写下各种劝诫。但到后世，两边的力量，不成比例，主张节制的，都是些葛洪、庾阐这样的实木脑袋，讲些大道理（他们忘了，正是因为听大道理听烦了，人家才跑去喝酒），而在另一边，从庄子往下，从汉代的孔融到唐的王绩，从李杜到皮陆，都是有才情的人。一边是恃才任性，一边是崇学重道，一边是嵇康，一边是嵇绍，一边是李白，一边是韩愈，一边把道理想个周全，好不容易写出一篇《酒诫》，一边轻轻挥去，十来篇酒赋醉赋之类已一涌而出了。这架不用打，就知谁输谁赢。

王绩《醉乡记》，模仿陶渊明的《桃花源记》而写的，韩愈读后，感慨说这些醉汉，都是些不遇的人，心中有不平气，所以躲到醉乡。唐人对喝酒的理解，正反两面，大抵如此，一说到建安、竹林那些人喝酒的动机，不外是逃世网于糟丘，以求得全。如李白，是上引陶渊明为知己的，但浅如太白者，毕竟无法接近陶渊明的内心，写下和喝酒有关的诗不知有多少首，也注不动陶渊明的一首：

不觉知有我，安知物为贵。悠悠迷所留，酒中有深味。

遗世忘忧之外，晋人喝酒，与唐人比，还有别的心事。王蕴说的"酒正使人人自远"，唐代的诗人就说不出，而王蕴还只是说在形而下。各代说喝酒如何如何好的，很少在说老实话，而在另一面，反对耽溺于酒的人，更反映时代的趋向。庾阐的酒诫，讲的道理是"穷智害性，任欲丧真""形情绝于所托，万感无累于心"，就比较入当时那一批人的耳，若是像后世的道德家那样，举出健康、政治、道德之类的理由，徒令人生厌，酒是一点也劝不住的。

晋人的心事，未必都传了下去，晋人的作风，一样不少地被后人效仿。酒是一代代喝下去了，每代人有每个时代的理由，每个人都有不需要现实感的时候。"一杯颜色好，十盏胆气加"，酒能释恨佐欢，也能激发情性，让老人变成少年，懦夫变成勇士，可惜"醉中只恨欢娱少，无奈明朝酒醒何"，酒一醒，一切复原。在这一点上，今人要羡慕古人的，是古代酒薄，鲁酒千钟，赶不上一瓶二锅头，陶然一醉，要花很长时间，醒酒又要很长时间，这样一三五喝酒，二四六醒酒，或许真的可以流连醉乡，没身不返呢。

总之，崇尚喝醉，先是晋代特殊的风气，后是文人的一种生活方式，——"火满酒炉诗在口"，听起来就很雅，最后，在全社会普及开来，哪怕是僻远的乡下，男人喝酒，劳苦功高、大模大样地坐着，全家人在下面忙，显然是一致同意喝酒是严肃的事业，喝醉是事业的完成。我知道喝酒能令人喜欢自己，喝醉时喜欢自己，平时也喜欢自己的雅兴，但如果一无晋人的心事，二无诗要写，三则本来已经很喜欢自己，很喜欢自己的时代了，还要镇日无事，不读离骚痛饮酒，就看不出有什么好借口了。

不读酒经

我国对文明最大的贡献之一，是发明了用酒曲酿酒，使世界上四分之一的人口，能自己喝醉自己。《尚书》里说，"若作酒醴，尔惟曲糵"，糵且不论，制曲，实乃中国酒的特点，工艺也有风致，单说其中的踏曲，即用脚把曲料踩实，最合古意。北魏时的农书《齐民要术》说"令壮士熟踏之"，便是这个环节了。《齐民要术》中用手团制曲饼，都用小孩子，且"有污秽者不使"，何以用脚踏曲，却用壮士？想必是求坚实，儿童体重不足，只好有请壮汉了。但故老相传，近代制曲，却用胖小子来踩，也算一种改进吧。踏曲时边踩边唱歌，很是田园风光，竟成制曲的别名（如乾隆禁酒，诏曰严禁"肆行踩曲"），可惜现在难得见到了。

古代造酒，制曲的方法，是为关键，酒曲一投，酒的风味，奠定了大半，所以历代造曲的法子，轻易不外泄，至于文人所记，往往是大路货，除非是贾思勰（《齐民要术》的作者）这样的行家，才记下一些细节。曹操曾给皇帝进献"九酝酒法",但如何制曲,语焉不详,并非他有意隐瞒,工匠之事,他也不很清楚。现今有人仅据曹操奏文里的几十个字,便要复原九酝酒,那是只好骗骗你我这样的人了。

各代谈酿酒的专书,出了不少,年代又早,记载又切实的,要属宋代朱翼中的《北山酒经》。如他述做酒饭的一个小环节:

> 瓮底先掺曲末,更留四五两曲盖面,将糜逐段排垛,用手紧按瓮边四畔,拍令实,中心剜作坑子,入刷案上曲水三升或五升已来,微温,入在坑中,并泼在醅面上,以为信水。

别的也都类此,非常详细。要复原古酒,他的记载,大是可资,但我估计没人做这样的傻事,不如取其中的名色,胡乱一做,便称宋代酒方,又省事又挣钱。

前面说的是不经蒸馏的曲酿酒,也就是现在称的"黄酒"。白酒呢?蒸馏酒技术引进于元时,成熟于明代(也不停有人出来证明蒸馏酒在中国古已有之。其实学界佞人,才是古已有之),我们现在所见讲到"白酒"的古书,多在明代中期之后,现存造白酒的遗址,最早也是那个时候。所以现在酒厂,以"老"相号召的,至多也老到明代。

现在如此，以后未必。考古界发现过上古的盛酒遗物、周汉造酒的遗址，随着祖国深挖地广拆房，这类发现更必日益增多，再结合蒸馏酒古已有之学派的最新理论，估计不用多久，标牌上印着"公元元年"甚至"负一千几百年"的老酒，就要"苟日新，日日新"了。那时候大家举杯同庆，是不消说的。

其实，酒徒如我，根本不敢奢望喝到古法蒸酿的白酒，喝一顿酒，头有些疼，但没有疼得哭起来，嘴里有些怪味，但不是十分古怪，眼睛有些模糊，但没有瞎，心愿足矣。听说二十世纪五十年代，初用麸曲，一些老顽固，摇了好几年的头，而如今，能喝到纯用麸曲的白酒，算你运气。二十世纪七十年代，流行勾兑，又有人摇头，而如今，如只用酒头来兑，又是你的运气。政府批准的，可以兑在白酒里的香味剂，我没细数，大概有近千种吧，没批准的，不在其列。这些宝物，是做什么用的，想一想就上头。

所以酒经种种，还是不要看了吧。我曾收罗一些明清的酒书，或笔记里讲到造酒的，种种细目，种种滋味，没酒喝的时候，就看一看，连口水都是香的。最近我把这些书，都送给仇人了，——看了心里难过。如今喝酒，还管什么清蒸混蒸，七酝五甑，年份云云，只当胡说，最好连标签也不要看，因为上面说的，左右是撒谎。我辈喝酒之人，是有原罪的，偷偷喝一点，不要声张，再纠缠什么美恶精粗，就过分了。

好酒是有的，但自己买不起，只好等石油界的人请客，但等了几年，就像马三立先生说的，"车也没来"。其实你我这样的人，如果有什么期盼，是酒厂将用的什么酒精，加的什么作料，如实写来，我等自作自受，再不会抱怨一句。但酒厂不肯，所以我的主张，是不如自己去买食用酒精，自己加入干净水，便成世上最好的酒。

不读骗书

《杜骗新书》是明代万历年间的书，作者张应俞，生平不详。他把所见所闻的一些骗例，汇集起来，一共八十几种，细细解说，意在教人防骗。这本书流传不广，在国内渐渐地就找不到了，几十年前学者从国外抄回，让它再逢盛世，本来只收在几种丛书里，不料忽如一夜春风来，越是稀奇古怪的书，越在地摊上畅销，我见到的一个书肆，种种骗书，摆了几十样，《杜骗新书》，便在其中了。

这类书是教人行骗，还是教人防骗？从出版者到读者，大约两种用心都有吧。在我看来，无论在哪个方面，都是没用的。诈骗有两种，一种是职业的，一种是发自本心，见机起意。前一种，另有秘密的传授，从骗书中是学不会的；后一种，并不用学，人人皆可无师自通。防骗呢，前一种防不住，后一种防不得，若人人提防，社会也就瓦解了。

《杜骗新书》里的故事，也有两类，一类是普通人骗普通人（还有些是盗劫之类，实和诈骗关系不大），一类是职业骗术。我对职业骗子，一向是有点佩服兼好奇的，觉得如果没有他们，我们的愚蠢，不知要伊于胡底。世有秦始皇，便有徐福、卢生，有汉武帝，便有栾大、少翁，有唐玄宗，便有叶法善、罗公远，有宋徽宗，便有郭京、林灵素，有明世宗，便有陶仲文、蓝道行，我们用石头砸脚，便要流血，用门挤脑袋，便要昏沉，甘于懦弱，出门就遇见强梁，喜欢为王前驱，自会有主子寻来，要是大做蠢事，却无不好的结果，岂不没天理？

民国时，艺人连阔如写《江湖丛谈》，曾举一"换洋面"的例子，说被骗的新闻上了报纸，一传十，十传百，大家都知道了，这一骗术便失效，所以将骗术公开，最能防骗。但这一防骗的途径，并不可靠，公开过的骗术，仍在奉功，手法略一改变，我们就上当。《杜骗新书》中的第一条"假马脱缎"，以及后面的"丢包于路行脱换"等，便是后来人称"流星赶月"的骗术，至今屡屡得手，可见对我们的心智来说，一些骗术，可谓正中下怀，有的时候，刚刚说完别人，立刻轮到自己。唐代韩愈，侄孙女婿李于吃丹药吃死了，韩愈为他写了一篇墓志铭，声讨服食之"杀人不可计"，"后之好者，又曰彼死者皆不得其道也，我则不然……及且死，又悔。呜呼！可哀也已，可哀也已"，可谓分析明白，然而他自己，老了身体不中用,偷偷吃硫磺,结果呢,白居易有诗云:"退之服硫黄,一病讫不痊。"

《杜骗新书》里的一些骗术,福寿绵长。往前说,宋代洪迈《夷坚志》"关王幞头"条,记潼州关公庙的巫祝,偶然发现某人的相貌同庙中黄衣神像极为相似,便托这人到市中定造一个大幞头(一种帽子),店家久不见来取幞头,后至庙中,见黄衣神像,正是来店令造大幞头的人,"悚然谓为神,立捧献之,事寖淫传,一府争相瞻敬"。《杜骗新书》中"僧以伽蓝诈化疏"条,与此几乎一模一样,只是一个骗财物,另一个骗人信奉,正是同一渊源。往后说,小说《儒林外史》第二十四回:"这和尚积年剃了光头,把盐搽在头上,走到放牛所在,见那极肥的牛,他就跪在牛跟前,哄出牛舌头来舐他的头。牛但凡舐着盐,就要淌出眼水来。他就说是他父亲,到那人家哭着求施舍,施舍了来,就卖钱用,不是一遭了。"这个故事,正是《杜骗新书》中"和尚认牝牛为母"条,区别只在一个是公牛,一个是母牛,故有认父认母之别。再往后说,晚清丁治棠《仕隐斋涉笔》写小偷对布贩说,我要偷那家的茶炊壶,你看见了,不要声张,布贩说,你偷他东西,关我什么事,我才不吭声。布贩很有兴趣地张望了半天,也不见炊壶被偷走,回头一看,自己的布少了好几捆,这个故事,正是《杜骗新书》中的"诈称偷鹅脱青布"条。

再往后说……再说就到了今天了。我看电视里、报纸上，往往说些案例，教大家小心，便想那些职业骗子，在在皆有，并不是社会的大患，何况骗有大小先后，有的人自生至死，始终在一大骗局中，却日日小心戒惕，提防自己的邻人，提防无辜的路人，提防一些鸡零狗碎之事，未免见树不见林了。

不读樵歌

《樵歌》是宋代诗人朱敦儒的集子，不过，这里只是借来做个话头，不尽是在说它。

渔樵是古典文学里一个很有意思的主题，单看这两个字，大家就觉得诗意盎然。上山打柴，大概自从人类懂得用火，便开始有了，既耗力气，又费衣服，难怪花了若干万年，才想到要赋予它诗意。现在我们读古诗，看旧画，一致同意，荒山野岭，在曲曲折折的樵径上，一个看起来很高兴的樵子，担着轻飘飘的一担樵薪，嘴里唱着樵歌，该是多么浪漫！如果在山里撞见这样一位樵客，就像遇到了山水的地主、神仙的门童，我们自然是要拿他当钟子期，而不是朱买臣的，再也想不起非法采伐之类的俗词，满心都是遇真的欢喜，恭恭敬敬的，问一问路，而樵夫，按照他的行业规范，要用手漫指一下，然后唱着歌儿走开。

渔樵的诗意，并不一定需要读过些旧诗，才能感受到。在最有名的几部旧小说里：《三国演义》，一开篇就唱:"白发渔樵江渚上,惯看秋月春风。"专写粗人的《水浒》,里面的樵夫则唱"我今上山者,预为下山谋"云云,也不是一般人物。《西游记》第九回,甚至塞入长长的一大段渔樵问答。所谓俗文学,看来也是雅人做的;诗人的成功创造,大家迟早都享用得到。

有一个词叫"樵隐",大概是谢灵运最早使用("樵隐俱在山,由来事不同")。和谢灵运同时的,有一位鲍照,也是大名鼎鼎的文学家,他的《登大雷岸与妹书》,是记山水的名篇,末尾有几句是:"夕景欲沉,晓雾将合,孤鹤寒啸,游鸿远吟,樵苏一叹,舟子再泣。"孤鹤游鸿,已经是公认的意象,把樵子舟夫和它们并列,说明在他的时代,渔樵的诗意已有所普及。早在东晋便有人谈到"樵岩之乐",但真正建立起一致的趣味,还得说是在谢、鲍的时候。打那以后,诗里写樵,画里画樵,连人名斋号,也梦樵忆樵,除了真正打柴的,谁都知道樵采是非常风雅的事。

除了在美丽的画面上摆姿势,樵夫有时还被认为是有来头的人,人生的领路人,山中的哲学家,——六祖惠能不就曾砍过柴吗?汉朝的虚拟人物,是乌有先生、亡是公子之类,到了宋代,常虚拟渔夫和樵子,一问一答,解释人生的大问题。饱读诗书的人,居然会向目不识丁的人,献上智力的王位,也是奇怪的事。

到后来，更有一种流行的见识，以为古往今来的荣耀，到最后都付渔樵一话，不值得追求。在古代标准的读书人那里，政治理想和道德理想，是在一起的，除此之外，也不大有什么想法。这两条路走不通后，就有点不知所云，生活上，可以隐遁山林，头脑呢，总不能自令昏迷。其实，古代社会，并不像他们有时骂的那样失败，只是停滞，但停滞，对一代代的出色头脑，是比失败更大的打击。即使没有宗教的启发，幻灭感也迟早要漫延开来。

《樵歌》的作者朱敦儒，死前不久，在一首词里写："屈指八旬将到，回头万事皆空。"一个人，忽然觉得自己的一切作为，都无意义，该是多么痛苦的事。以为好的，也无所谓好，以为坏的，也无所谓坏，以为有用的，终付无益，以为是自己的，转眼又属别人，所有的理想、价值观、事功、财富、亲情友谊，一概暗淡，——总会有这么想的人，但不该有那么多如此想的人。

对作如此想的朱敦儒来说，世上的一切事业，只是"深山百丈坑"，躲还躲不及，打小学习的圣贤教训，只是"古人闲言语"，听不听都一样。索性把大小事抛给别人，别人做出好东西了，我也面无愧色地用用，反正自己是不做的。别人做出坏事了，我也面无悔色地倒倒霉，反正有那么多人，这叫"两顿家餐三觉睡，闭着门儿，不管人间事"。他还有句词，叫"杂剧打了，戏衫脱与呆底"，意思是说，人生如戏，自己是不想唱了，把戏衫卸下，谁傻就穿去做事吧。

　　责任原来可以卸得如此优美。山水画、田园诗之类，我是非常喜欢的，中国古典艺术最精致的作品，往往在这两个门类里。但是否优美到足以治疗人生的所有痛苦，足以令头脑愉快地不思不想呢？不同的性格，可能有不同的感受吧。

不读情书

古代婚姻不自由，且多妻制，但不能由此推论古代夫妇间一定没有爱情，单是从统计学上看，那么多对男女，即使是随机地配到一起，总有一定的比例，会恋爱起来的，只是那顺序，是有点古怪的了。

手边有一本《清代名人情书》，是民国时一个叫丁南邨的人编的，收了几十通书信，起于吴三桂（信里有"还我河山，归我佳丽"这样好玩的句子），迄于郎葆辰。丁南邨不知是什么人，这本书大致是为书商编的，属猎奇的性质，里边还收了些伪作，殊不足重。

古代情书不多，一是流传不易，二是当时的太太，未必都通文墨。爱人间互致情意，我们读到的，大多是诗词，盖诗词用语委婉，当事人自可大大方方地公布出来，算是文学作品，而不会很害羞。散体的通信，见到的就很少了，也因此珍贵。

早期的一个例子是东汉的模范夫妻秦嘉和徐淑。秦嘉得到一枚好镜，连若干什物，捎给妻子徐淑，在信里说：

> 明镜可以览形，宝钗可以曜首，芳香可以去秽，素琴可以娱耳。惭所报之薄，不足答来赠之厚；诗人感物以兴思，岂能睹此而无用心乎？

徐淑回信说：

> 览镜将欲何施？去秽将欲谁为？素琴之作，将欲君归；明镜之览，将待君至。未奉光仪，则宝钗不设；未侍帷帐，则芳香不陈。曩来问讯，云已能路。分别之恨，情兼□□。□念吾君，闲在空舍。止则独处，无与言对。去则独发，无有侍□。进登山陵，退背丘墓。怅恨之情，情亦多矣。

这是夫妻间的寻常通信，所以并不浓烈，但看来女性更善于表达情感，不似丈夫那样含蓄。

过去的马路边，常有戴圆眼镜的老夫子摆摊代写书信，其中一样就是代写家书。古代男性一直会虚拟女子的口吻，代写情书。《会真记》中崔莺莺的情书，赢到过许多眼泪，但在我看来，这信总是出自男子之手，无他，就是觉得口吻不似女子。王实甫《西厢记》里，作者代莺莺写给张君瑞的回信，就老实得多：

聊布瑶琴一张，玉簪一枝，斑管一枚，裹肚一条，汗衫一领，袜儿一双，权表妾之真诚，匆匆草字，伏乞情恕不备。

若是凭空拿出，倒也不辨雌雄。另一个有名的爱情故事，是《二刻拍案惊奇》里的刘翠翠和金定，也曾被改编为多种戏文的。后来又流传一种刘翠翠写的情书，却需仔细看去，才能识出是伪托的，因为这信写得实在不错，大概男人自己写信就拘谨，代女人写情书，倒放得开。

至于实际的情感呢？元代的郑禧，写过一本《春梦录》，记他同某吴姓女子的情事。郑禧的情诗和奠文，在我看来，虽然不能说不诚恳，比起那女子的痴情，差得也很远了。后来这女子因情憔悴而死，临终前给郑禧写信，自料不起，宽慰郑禧说：

若此生不救，抱恨于地下，料郎之情，岂能忘乎？然妾之死，无身后之累，郎若成疾，则故里梅花，青青梅子，将靠之谁乎？

用情之深，令人叹息。这封信可与史可法给妻子的绝笔信刘读：

法早晚必死，不知夫人可随我去否？如此世界，生亦无益，不如早早决断也。

但若说男性对感情就缺少细腻的体会，那是不公平的。俞樾给亡妻的信，便是例子。这封信有点长，但值得全抄下来：

一别之后，五月有余。惓惓之情，不以生死有殊，想夫人亦同之也。自夫人之亡，吾为作七言绝句一百首，备述夫人艰难辛苦，助吾成家，而我两人情好，亦略见于斯，已刻入《俞楼杂纂》，流布人间矣。兹焚寄一本，可收览之。葬地已定于杭州之右台山，葬期已定于十月二十五日，今择于十月九日发引，先一二日在苏寓受吊，即奉夫人灵輀，同至湖上，仍住俞楼。届期躬送山丘，永安窀穸，吾即生圹营于夫人之左，同穴之期，当不远矣。日前，曾梦与夫人同在一处，外面风声猎猎，而居处甚暖，有吾篆书小额，曰温爱世界，斯何地也？岂即预示我墓隧中风景乎？苏寓大小平安，勿念。西南隅隙地，已造屋三间，屋外竹帘茅舍，亦楚楚有致，俟落成后，夫人可来，与吾梦中同往观之。

不读《笑林》

幽默感是上帝的礼物，但不同的文化，对这礼物的珍惜也不同。谢天谢地，古代中国人的幽默感发育得还好，有《庄子》说盗跖、优旃谏漆城那样的文字为证。不过，读古典著作，我们微笑或大笑，几乎全都是因为事情的有趣，而叙述的文字本身，可称幽默的，少之又少。

三国时魏人邯郸淳的《笑林》，是我国第一本笑话书。这本书后来亡佚了，我们见到的是后人的辑本。从中选一则为例：

> 鲁有执长竿入城门者，初竖执之，不可入，横执之，亦不可入，计无所出。俄有老父至，曰："吾非圣人，但见事多矣。何不以锯中截而入。"遂依而截之。

事情是可笑的，但这文字本身，并无什么趣味。一个好笑话，你讲也可笑，我讲也可笑，可笑的是故事本身，而非你我的讲述。《三国志》里有个情节，是孙权用驴的长脸来开诸葛瑾的玩笑，也是这种情况。孙、诸葛都是擅长调笑的聪明人，而传者只是直记其事，谈不上什么风味。

同样说驴，南朝的袁淑，写过一篇《驴山公九锡文》，就有趣多了：

> 若乃三军陆迈，粮运艰难，谋臣停算，武夫吟叹。尔乃长鸣上党，慷慨应官，崎岖千里，荷囊致餐，用捷大勋，历世不刊……

这是滑稽的文字，但不知你是否同意，读起来，总觉得差一点味道。差在哪里呢？幽默是极难定义的体验，不过我们知道，它的要素之一，是智力从容地活动。作为书面语的古汉语到三国时间，离口语已远，可用而又活泼的语素太少，在简省的体格中，想从容调剂，大是为难。不妨比较一下另一篇说驴的文字，在敦煌发现的《祭驴文》。驴主人叮嘱与世长辞的驴子，万一来世还做驴，不要托生到不懂事的人家，不然啊——

> 出门则路即千里万里，程粮贱无十个五个，向屋檐下寄宿，破箩里盛莝，猛雪里须行，深途里须过，爱把借人，更将牵磨，只解向汝背上吟诗，都不管汝肠中饥饿。

虽仍是半文半白，语气已经有味道多了。如把这段文字改写成标准的文言，再怎么努力，也没有原文的生气。唐代的大作家，元结、柳宗元、韩愈等，都写过调笑的文章，但可有人读得发笑？宋代的苏轼，谐浪笑傲，幽默感是发达的，他写过嘲谑的诗文，同样，效果离期望差很远（有些笑话书如《艾子》《调谑篇》等，或说是苏轼写的，其实是伪托他的大名，而且那几本书也不怎么有趣）。

古人有很好的幽默感，有无数机智的言语、无数风趣的行为，但要欣赏到真正幽默的文字，得等到后来的白话小说了。文言确实很难写得有趣，最后一个例子，是狄更斯的小说《大卫·科波菲尔》，最早有林纾的"译本"，为《块肉余生述》。

贝西小姐的出场，董秋斯的译文是这样的：

> 再看一眼时，我母亲就有了一种确信不移的预

感,那是贝西小姐。落日在花园篱笆外的陌生女人身上闪光,她摆着别人不能有的恶狠狠硬邦邦姿态和从容不迫的神情走向门前。等她来到宅前时,她又一次证明了来的正是她本人。我父亲经常表示,她的行径不像任何普通的基督教徒;这时,她不牵铃,一直过来张望那同一的窗子,把她的鼻子尖在玻璃上压到那样的程度,我那可怜可爱的母亲时常说,有一个时候她的鼻子变得完全白而且平了。她使我的母亲吃了那样一惊,我一向相信,我在星期五下生,实在得力于贝西小姐呢。

林纾不懂英文,听魏易口译,然后用文言写下来。他赞赏这部作品"言哀则读者哀,言喜则读者喜,至令译者啼笑间作",可见魏易对原著的幽默感,定有传达。那么,再来看看林译:

> 视之,知为密斯贝测。时斜阳半落,余光尚滞小篱之下,并及贝测之衣。入时不言不笑,状至严冷。既至窗下,吾母乃益知为祖姨,以吾父恒言姨之举动大异于众。来时初不掣铃,径造窗下,二目射光入室。吾母大震,胎气遂动,其生于礼拜五之

日,祖姨与有功焉。

有闲工夫的读者,不妨再多找几部林译的小说,和白话译本对比,一定对"工欲善其事,必先利其器"的圣谕,信服不已。

不读《三字经》

古代蒙书,有的书名也是亲切的,像用糖果把人哄过来,然后对他说,监狱欢迎你,宝贝。比如有一本《小儿语》,作者声称"谐之音声,如其鄙俚",是专门为小孩儿编的,"使童子乐闻而易晓",打开一看,却是"一切言动,都要安详,十差九错,只为慌张;沉静立身,从容说话,不要轻薄,惹人笑骂"等等;还有《小学诗》,总该是"床前明月光"之类了吧?却是"自古重贤豪,诗书教尔曹。人生皆有事,修己最为高"。

不知内情的,会以为古代编教材者,和今天的人一样,是恨小孩子的。其实不然。至少,在古代拿《三字经》给儿子开蒙,比今天拿《三字经》训子,更有慈爱之心。

《三字经》有什么不好?没什么不好。我们不能怪《三字经》里边的道理陈腐,那毕竟是好几百年前的东西,换我们今天的类似教材(比如各种新编三字经),放上几百年,岂止陈腐!我们也不能说古代的蒙书内容单调,它们是为古代社会而编的,你不能指望孔门四科里有什么物理化学。

如果说有什么意见,那就是,古代的蒙书,几乎没有一种是供阅读的(《二十四孝图》或许是个例外)。有名的《幼学琼林》,里边讲了不少人事,然而是这样讲的:

> 王衍清谈,常持麈拂;横渠讲易,每拥皋比。尾生抱桥而死,固执不通;楚妃守符而亡,贞信可录。温峤昔燃犀,照见水族之鬼怪;秦政有方镜,照见世人之邪心。

这是什么?只有听教师讲了。古代的小学生,在达到能自己看《史记》的程度之前,没有什么故事可读,而我们知道,读故事是想象力的训练,——幸好古人有祖母,会给孩子讲些怪力乱神的故事,村里有社戏,声色俱全。

古人难道厌恶叙述的过程吗?或许还真有一点。唐宋之际,最流行的发蒙读物是《太公家教》,作者说编这小书,"讨论坟典,简择诗书,依经傍史,约礼时宜",几乎是无所不包的宝典,结果呢,只有两千多字,句子也只能如"巢父居山,鲁连卦海,孔明盘桓,候时而起",便这样,还被指为浅陋。做孩子,一大乐趣是翻开一本有趣的书,像进入一个新鲜的世界,那里面的一字一句,都读得心跳，这样的乐趣，古时的孩子有吗？我有点怀疑了。

古人给孩子提供的精神食粮，是压缩饼干。最早的《仓颉》《史籀》之类，四言一句，情有可原，因为那是识字课本。后来说故事、讲道理，为什么也如此干巴巴呢？古代罗马的年轻学生，可以读到荷马、米南德、维吉尔的改编段落，还把那些场面，自己一五一十地表演，我们为什么没有让孩子读……读什么呢，在有三国西游之类的小说之前，还真没什么可读的。

四字一句，还有人嫌多。朱熹写过一篇墓志铭，全篇三言，"朱氏女，生癸巳"云云，只用了四五十个字，就把人家的一生说完了。我不相信，写作者如果对题目有任何热情，会简略如此。他的学生陈淳编的《启蒙初诵》，全篇三言，是《三字经》的先声。为什么用三言呢？他解释说，儿童不能说很长的句子，——还有更奇怪的理由吗？

后来就有了《三字经》了。里边的道理，和《太公家教》或更早的蒙书，大体一样，只是每句少了一个字。可惜近代外力横来，打乱了我国文化的进程，不然，显然可以期见的，是会出现《二字经》，甚至《一字经》，直至大道无言的无上境界。

《三字经》是供背诵的，而问题在于，古代的教师，并没有同时给孩子提供丰富有趣的读本。但即便是用来背诵，背《三字经》也不如背些更复杂的文本，因为语言的训练就是头脑的训练，只有复杂的句子，才能发展条理。有的人说一句话想半天，想出来的却和前面的话不搭界，在我来看，此人如非领导，就是他小时候的塾师唯恐孩子不懂，只对他使用简单句。

现在的孩子背背《三字经》，自然无伤大雅，因为他们有其他的读物（尽管读闲书的时间越来越少了），有电视可看（尽管那上面的人，越来越常作儿语），还可以打游戏，里边也有对话（尽管没人懂得说的是什么）。

不读目录

尊敬的读者，不知可曾拜访荒凉的墓地，如贺兰山东麓的西夏王陵、景县的十八乱冢，或某处无名的坟地？特别是如果您独身一人，再赶上某些特别的场景，黄昏或黑夜，枭啼或树声，您会不会生出些令人兴奋的念头，比如说，期望有人起于地下，同您谈谈心？至少您得好奇，如果真发生这样的事，那现身的前人，会说些什么呢？我知道有一个地方可以满足这样的好奇，那就是拥有许多旧书的图书室，那精神的墓园，我们同先人交流的地方。

现在，书是十分易得的。过去不是这样。在线装书已在流行的明清两代，拥有一部完整书籍的家庭，绝对不会超过百分之一；在更遥远的古代，在手抄本的时代，一个著书人，在他活着的时候，读者能有多少呢？几十还是几百？那时的作者，也是非常少的。孔子、墨子是已知最早的私人藏书者，拥书多少，不得而知；《庄子》里说"惠施多方，其书五车"，于是有成语"学富五车"，——五车是多少书呢？战国时的魏王墓后来被盗发，得竹书数十车，一共才七十五篇！

那时的人，如非不吐不快，大概不会去做著书立说这种麻烦事。如同不甘心的逝者，他们把希望放在后世，以读者为一个在时间里绵延的整体。而唯有拥有如此野心的作者，作品才可能流传下来，如同封土或碑石，标志他自己和他的时代。这是一批使者，由远逝的时代遣出，在时间里漂流，有点像旧时羊报的水卒，把水签投给每个时代，至于后人如何捡拾，就不是前者能力之内的事了。

书有二恨，一是恨其多，二是恨其少。恨其少的人，通常是学者，咱们普通人，唯恨书籍太多，读不过来，又不知什么是适合自己读的，什么是自己有可能喜欢的。寻好书如寻恋人，要向人海里淘摸，又要听人介绍，有的人还会坐在餐馆临街的窗前，看外面的人流，纳罕自己的精神伴侣，是不是刚刚路过。我们在无趣的书里浪费了无数时光，也曾在书店或图书馆里，扫过一排排的书脊，当然，我们也读书评、书目，像光棍汉检阅征婚启事。有时我们相信推荐，买下一本新书，有时我们只是想了解一下还有那么多书，那么多可能。

读书目是心旷神怡的事，也是让人懊恼的事，书目向你显耀风景，又告诉你有多无知，许多人都知道有一篇《汉书·艺文志》，它所依据的更早的两种目录，没有保存下来，自己便成了现存最早的分类目录。这几种汉代的书目，里面一共收录了多少书籍呢？按现在的标准看，六百种左右。想不想做个汉代的读书人？只需几年，就能读尽天下书。到了南梁时编写的《七录》，书的数目增加了十倍，就很可观了。至于现在，以出版物之多，编一种完全的书目，既无必要，也无可能了。

私人书目，一类是著录自己的藏书，尽着守陵人的职责，另一类是为读者挑选适当的书目，如十分有名的《书目答问》。后一类的书目，是今天的读者最需要的，只是这种书目，十分难编，若依着自己的口味，读者未必买账，若尽依着公议，与自己又有何干？若为每部书写一篇详细的评介，终其一生，怕也介绍不了多少书，若选别人的议论，则是另一笔糊涂账。而读者最头痛之事，倒不是挑选经典著作，而是面对一年年的新书，我们自己时代的书，不知该找什么来看，至少我是如此，首先是到底出了哪些新书，懵然不知；其次是看报上的评论，无不说得天花乱坠，让人恨不得都买到手中，心知不可能，又恨不得一本也不买，才免得双重的悔恨。

我们还不是最尴尬的。后代的读者才是。因为我们这个时代，给他们留下的出版物之多，赶得上前代的总和，非经恶狠狠的淘汰，我们的后人，便如同活在乱葬岗上，无下脚处，——未来文献学者的主要工作，或将不再是发现文献，而是丢弃文献，那个时候，书目又将是非常流行的了。古代的书目，一向是著录亡书的，但我希望针对我们这个时代的书目，不再为此，那些被淘汰的，就让它们安安静静地被淘汰吧。不过我又担心，总会有许多人，尽管极少甚至从不阅读文献，一旦有人提出删除它们，就立刻痛心疾首，呼吁，请愿，哭泣，以为文明的基石，就要毁于一旦了。

不读书目

本题中的书目,指的是各种书单子,中间最有名的一种,又是署名张之洞的《书目答问》。

《书目答问》自然不是张之洞一人之力,这一节暂不管它,且说它在当时,更多的是购书的参考,而非读书的指南,它里面标记着哪个版本较佳,对小地方的读书人来说,尤有用处,这一点在现在,除对版本学家外,意义也不大了。但这本书光绪二年刻印,风行不衰,到现在还有各种版本行世,我曾不止一次在地摊上见到它,可见其影响力。我不相信有人拿它作读古书的门径,里面的书太多了,有两千多种,不要说现在,便在一百多年前,不等把上面的书读完,早就以通儒自命了。顺便说一句,里面的许多书,《书目答问》的编者,不管是张之洞,还是缪荃孙或其他人,并不曾都读过。

《书目答问》自然是古书的单子,里面也有西学书,寥寥数种,只是点缀。后来又有仿它体例的西学书目,如不怎么为人所知的《西学书目答问》、采用新分类法的《益智书会书目》和最有名的《西学书目表》。这是两股道上跑的车，不能以此责彼，《书目答问》是古书的单子，要衡量它也只能在这一方面。

活在现代的人，为什么要读古书？或者，把这个问题再缩小一下，如果没有职业的需要（如治学），一个普通的读书人，为什么要读古书？他希望从中得到什么，又果真得到了什么呢？这是个不易回答的问题，答案也有许多种，其中最著名的回答，大概是鲁迅回复报纸邀他开列"青年必读书"的单子，说的几句话，先是说"从来没有留心过，所以现在说不出"，接着说"我以为要少——或者竟不——看中国书"，这话说得如此决绝，现在有些人听到，还要掩耳。

鲁迅一来是故意刺激某些人（这一目的他是完完全全地达到了），二是针对"青年"和"必"二词而发，确实，"必"是什么意思呢？鲁迅对"必"字反感，但他确有自己心中的书目，比如他给某友人之子开列的国学入门书单，全是子、集二部的书，可见他对经史的看法，比较一下梁启超开的"青年必读书"，差别是非常大了。

梁启超开列的，除孟荀外，都是史部的"大脑袋书"，在他看来，虽非治学，这些书也是中国学生的根基。其余如周建人开的全是外国书，林语堂的书单子文学味最重，徐炳昶只列了《伦理学》《几何学》这两种书，俞平伯"绝未发现任何书是必读的"，便交了白卷，如是等等，可见开书目这种事，一向是将自己的价值推之于众。便是有公允之名的胡适，后来给清华开的"最低限度国学书目"，一长一短两种书单，做得老老实实，还被梁启超批评为文学气太重。对什么是"必读书"，意见分歧从来就是很大的。

"青年必读书"是旧公案了，不过意义还在。同样的问题，可以换个问法。假如一个人，为了某种莫名其妙的缘故，非要读古书，当从哪里入手呢？问题越是简单，越是无从说起，因为不知道他读这些书有没有什么特殊的用处，也不知道他的趣味和语文基础。绕回到前面，一个人究竟是为什么要读古书呢？如果是为了趣味，读着好玩，那么，除了《红楼梦》《水浒》之类，我想不出还能推荐些什么；如果是为了实际的用处，就如今天的许多人读曾国藩或孙子那样，寻找人生的秘诀、进退的法门，那么，推荐什么，这些读者都会失望的；如果是为了修养，我又相信，认真读过中学课本的人，应该能够自己给自己找到适当的书。

说到最后一种，为修养而读书，又何尝不是实用的目的！要从古人那里找精神共鸣，做知己的倾谈，绝非容易，所以还是谈实际的吧，若要文学，读些诗词，若要知典故，读带注解的选本，若要显得博杂，翻翻类书，若要知晓事物原委，或谈史说兵，省事的办法都是读今人的著作，头绪清楚，费时也少，这些都是修养的捷径，谈资的渊泉，聪明人不走捷径，还走哪里呢？

不读方志

我要到某县住一个月,去之前,想了解一下当地的风土人情,有哪些先贤,有什么旧祠,山川版图,典制沿革,物产人伦等等,我该找什么书看一看呢?一般性的史地著作,可以参考,而县志无疑是最合用的。这是个旧县,我找到三种地方志,一部是明代嘉靖年间编的,一部成书于清末,另一部,是近年新编的。前两部,用今天的眼光,读起来不是很方便,但耐心看去,眉目宛然,资料也丰富。后面这部新志,门类清楚,最是易读,但读后,却觉空洞无物。

清代学者章学诚曾批评他那个时代的地方志,"率凭一时采访,人多庸猥,例罕完善""其古雅者,文人游戏,小记短书,清言丛说而已耳;其鄙俚者,文移案牍,江湖游乞,随俗应酬而已耳"。古代的方志,是私人手笔,确实良莠不齐,但有一样好处,对地方的掌故文献,留意采撷,哪怕是缺乏史意,当资料书来读,也津津有味。新地方志是官修的,官气也重,四平八稳,面面俱到，举凡邮电金融，能源交通，工农商学，无不有专记，读后不知是方志，还是政府工作报告。不是说这些方面不宜入志，古代的方志，也讲究记述完备，如户口田赋，盐钞税课，官署学校，支费职役，一样样地写进去，区别在于，新志的取舍，全依官方标准，往往请各部门，把自己的行当，讲述一遍，是以全是官样文章，了无生气。

章学诚又曾请立志科，也就是在州县设立专门的官方机构，来编辑地方志。不妨抄一大段他的设想：

> 六科案牍，约取大略，而录藏其副可也；官长师傅，去官之日，取其平时行事善恶有实据者，录其始末可也；所属之中，家修其谱，人撰其传志状述，必呈其副；学校师傅，采取公论，核正而藏于志科可也；所属人士，或有经史撰述，诗赋文笔，论定成编，必呈其副，藏于志科，兼录部目可也；衙廨城池，学庙祠宇，堤堰桥梁，有所修建，必告于科，而呈其端委可也；铭金刻石，私事摘辞，必摩其本，而藏之于科可也；宴兴宾饮，读法讲书，凡有举行，必书一时官秩及诸姓名，录其所闻所见可也。

从这段话中，可以看到古人搜集资料的大概。今天各地的史志办，大有章学诚的遗意，工作不可谓不辛苦，员额不可谓不多，为什么编出的新志，大不耐看呢？我想，地方志的撰者，是非常重要的。明代的县志，往往不如清代的，因为清代的优秀学者，许多以撰写地方志为个人的盛事，这些人学识高，修的志自然出色，而在明代，大学者参与其事的少，县里只好请当地的儒士，如果这是一位饱学之士，算这县里人运气好，可惜这样的运气并不总有，执笔的往往是半通不通的塾师，每日坐在那里东抄西抄，骗些猪头肉吃了事。

在章学诚的设想中，志科把资料积攒起来后，"访能文学而通史裁者，笔削以为成书"。这一点之重要，他可能并没意识到。如今的新志，鲜有这么做的，都是史志办的工作人员，各掌一门，凑齐成书，名之曰集体编辑，所以我们在志中看不到个人的意见，看不到历史感，看不到作者的用心。集体撰述的书，我还没见过一本好的，不只是方志如此。唯盼将来能有一人执笔的新志，宁偏而有益，远胜于正而无当。

县里的地方志办公室，我有幸见识过一次。办公地点，是在政府楼中最偏的角落，连门上的牌子，似乎也比别的办公室显得小些（其实是一样大小），里面的工作人员，谦恭多礼，他们的设备家具，大多破旧，很像别的部门用过不要了，掷到这里。据他们讲，每年的经费，实不敷用，骑着自行车，到各处搜罗资料，要赔着笑脸，对方还不一定搭理。也许这并不是普遍的情况吧。

这些工作人员，很可同情，辛苦自不必说，修志时也做不了主，万事决于上意。这也苦了我们读者，旧志不好读，也不易得，很少有新版的，往往得到极难使用的图书馆里，才能见到。新志呢，又是如此这般。那怎么办？不读也罢。